You Have to Go to School... You're the Teacher!
300+ Classroom Management Strategies
to Make Your Job Easier and More Fun
(Third Edition)

让教师都爱上教学：
307个好用的课堂管理策略
（第三版）

[美] Renee Rosenblum-Lowden，Felicia Lowden Kimmel◎著

罗兴娟◎译

中国轻工业出版社

图书在版编目（CIP）数据

让教师都爱上教学：307个好用的课堂管理策略／（美）罗森布卢姆－洛登（Rosenblum-Lowden, R.），（美）基梅尔（Kimmel, F. L.）著；罗兴娟译．—北京：中国轻工业出版社，2013.9（2024.1重印）

ISBN 978-7-5019-9193-8

Ⅰ.①让… Ⅱ.①罗… ②基… ③罗… Ⅲ.①课堂教学－教学研究 Ⅳ.①G424.21

中国版本图书馆CIP数据核字（2013）第061541号

版权声明

English language edition published by Corwin Press, A SAGE Publications Company of Thousand Oaks, London, New Delhi, Singapore and Washington D.C., © [2008] by Corwin Press.

保留所有权利。非经中国轻工业出版社"万千教育"书面授权，任何人不得以任何方式（包括但不限于电子、机械、手工或其他尚未被发明或应用的技术手段）复印、拍照、扫描、录音、朗读、存储、发表本书中任何部分或本书全部内容，以及其他附带的所有资料（包括但不限于光盘、音频、视频等）。中国轻工业出版社"万千教育"未授权任何机构提供源自本书内容的电子文件阅览、收听或下载服务。如有此类非法行为，查实必究。

责任编辑：吴　红　　　责任终审：杜文勇
策划编辑：吴　红　　　责任校对：刘志颖　　　责任监印：吴维斌

出版发行：中国轻工业出版社（北京鲁谷东街5号，邮编：100040）
印　　刷：三河市鑫金马印装有限公司
经　　销：各地新华书店
版　　次：2024年1月第1版第10次印刷
开　　本：710×1000　1/16　印张：17
字　　数：115千字
书　　号：ISBN 978-7-5019-9193-8　　定价：34.00元
读者热线：010-65181109
发行电话：010-85119832　　010-85119912
网　　址：http://www.chlip.com.cn　　http://www.wqedu.com
电子信箱：1012305542@qq.com

如发现图书残缺请拨打读者热线联系调换

232130Y1C110ZYW

译 者 序

课堂是实现教师教学的主战场。有效的课堂管理不仅能帮助教师实现教学目标和达成教学任务,而且能激发教师的教学热情,使教师爱上教学。但我们都知道,要做到课堂的有效管理并非易事,因为课堂上有太多我们无法把控的"突发事件"。作为教师的你可能遇到过这样的意外:正在上课的过程中有学生突然要求去上厕所;要求学生写作业时突然发现好几个学生没有带学具;当你正激情飞扬地讲解关键内容时突然闯进一个迟到的学生。太多这样的"节外生枝"不仅打断了你的教学,而且使你的课堂无法有效地组织和管理。不仅如此,课堂的有效管理还受到其他诸多因素的影响,比如你的教学设计是否完善、你对学生的了解程度以及与学生的关系,甚至包括你与学生家长之间的关系,等等。可见,有效的课堂管理不仅需要教师精力的投入,更需要教师的智慧,教师只有掌握了处理各方面问题的课堂管理策略,才能创设出适合自己教学的课堂环境,从而让学生爱上你的教学,也让你自己爱上教学。

那么,如何获得课堂管理的策略呢?这并非难事,无论是新手教师还是有经验的老教师,只要善于从实践中总结和向他人学习,我们很快就能获得很多实用的课堂管理策略。本书第一作者雷内·罗森布拉姆-洛登(Renee Rosenblum-Lowden)女士就为我们提供了300多条值得我们学习和借鉴的课堂管理策略。雷内女士从自己长达25年之久的教学实践从发，通过对众多学生和家长的访谈、调查以及与同事的交流和反思，总结提炼出了许多普适性广和操作性强的课堂管理策略，并出版发行。此书第一版一经面世就深受广大师范生和一线教师的喜爱。现在经过第二版的实践和各种意见的反馈与修改，该书已经是第三版了。在这一版中，雷内女士和她的女儿费利西娅·洛登·基梅尔合作，不仅根据实际教学需要新添加了几十条新策略，而且整理和完善了以前的策略，使策略更有系统性和可操作性。本书的策略涉及面广，针对的问题很具体。不仅有专门针对师范生和新手教师的策略，也有针对所有教师在一个学年内可能遇到的各种问题，还有针对学生发展和处理师生关系的策略，以及争取同事和与家长支持的各种策略。每个方面的策略都非常细致，具体到如何安排学生座位、如何处理学生没带学具、如何纠正学生爱迟到的坏习惯以及频繁上厕所等问题。所有在学校可能遇到的问题，所有在课堂中可能出现的"节外生枝"，本书都尽可能详细地罗列出了具体的应对策略。而每一条策略，作者都用平实又不乏幽默的精练语言加以描述，让读者在轻松愉悦中领会每一条策略。

  作为一线教师，在读完雷内女士的这本书后，我非常感谢她，不仅在于她提供的300多条策略对我的教学工作具有很大的指导意义，更在于雷内女士对教学工作的严谨态度和充满智慧的工作方式影响了我对自己教学的思考。她多次在策略的讲述中提到了要注意文化的差异，并指出不是所有的策略都适用于每个人。作为智慧而又有责任心的教师，不仅要意识到文化差异和国情的不同，也应该全面地考虑到教师、学生、家长、同事和学校等诸多方面的差异。因此，我们在学习和借鉴这些策略的时候应该灵活一些，主要领会策略背后的指导思想，而实现策略的方式其实可以根据自己的需要加以改变和创新。只要你善于学习和敢于创新，或许你也可以从这些策略中受到启发从而创造出新的适合你的课堂管理策略。

在翻译此书的过程中，我得到了我的爱人杨勇，我的同学代小容、杨奇林，还有我的朋友邢志涛、徐哲、李红、李锦秀的大力支持和帮助。他们查阅的资料和提供的相关信息及翻译建议不仅帮助我克服了翻译中遇到的一些困难，而且帮助我更好地理解了本书的内容。在此，对所有帮助过我的人表示感谢！

因翻译水平所限，译文中难免有翻译不当之处，敬请读者批评指正。

罗兴娟
2013年5月31日于北京

原 著 序

给许多教师做过演讲或培训后，我发现了两点事实：一是我们都比较厌烦去阅读那些冗长的PPT文件，而另一点就是我们其实有兴趣阅读一本书的序言。因此，我想尝试为本书写一个简短的序言。

本书热销后我被邀请到全国各地演讲，与教师们分享我的职业热情和激情。我热爱这个职业已经超过25年了。我很高兴能有这样的机会让教师们轻松愉悦地分享一些可操作的课堂管理策略。我认为最重要的一点就是，虽然你可能不认同某些策略，但我希望这众多的策略中总会有一些能帮助你管理你的课堂。因为我们的教学风格各异，因此某些策略可能对一些人有用，而对另一些人不起作用。

无论是经验丰富的老手，还是刚入道的新手，或者只是毫无经验的师范生，我们确实都需要一些新颖而又激动人心的观点和想法。许多学区为新入职的教师购买此书，也有许多学校为全体教职员工购买此书，还有许多师范学院把此书作为学生课堂讨论的内容。许多学区还专门成立了读书会，在读书会中讨论本书。能和这么多的人一起分享我的想法和观点真是令我激动不已。

在重新修订本书的过程中，最令我兴奋的是能和我的女儿费利西娅·洛登·基梅尔（Felicia Lowden Kimmel）通力合作，她从另外一种角度——即指导教师的视角来思考本书,提出意见和建议。她多年来一直是一位课堂管理教师,可以从许多有价值的角度出发来思考教学。可见,她的加入是非常有价值的。

总之,如果你喜欢本书,并且在课堂管理策略方面需要帮助,你尽可以发邮件给我,邮件地址是 prejteach2@aol.com。当然,最关键的是,你会更加热爱这份最伟大的职业。

妈妈：起床了，该去学校了。
儿子：我不想去学校。
妈妈：但是你必须去学校！
儿子：我担心孩子们不喜欢我，我不想去学校！
妈妈：你必须去学校！
儿子：我太紧张了。
妈妈：你必须去学校……因为你是教师！

作者简介

雷内·罗森布拉姆-洛登 在纽约的教育系统从事儿童和青少年的教育工作已经超过25年了。目前,她正通过在全国范围内为新老教师和大学的师范生做讲座和演讲的方式,与大家分享她对教学的热情。她运用自身的幽默感帮助教师学会各种策略以使课堂变得既安全又有趣,同时又能使课堂始终处于教师的掌控之中。洛登女士利用意识提升方面的技能并结合冲突解决方面的培训,开发出了一门名为"偏见意识"的课程。为此,纽约市教育董事会决定由她专门为教师培训这门课程。

罗森布拉姆-洛登女士还开设了专门提高交流技能的工作室,教授家长和教师运用非抵抗策略来加强与孩子以及成人之间的沟通。她讲授过家庭生活、性教育方面的课程,因此她对学生的需求有着独到的见解。罗森布拉姆-洛登女士在长岛大学完成大学学业,并在新社会研究学院和纽约大学继续深造。另外,她也是一名社会活动家。她是纽约移民,现在与丈夫迈克尔一起居住在马里兰州的哥伦比亚,还养了一条名为苏珊·B.安东尼的狗。

费利西娅·洛登·基梅尔 在纽约州的布鲁克林长大。她的教育生涯最早可追溯到她读高中的时候，那时她给那些英语非母语的孩子讲授英语（操其他语种者的英语课程）。在她再次回到东部华盛顿地区当教师之前，她在旧金山当过英语教师。她被选中担任弗吉尼亚州费尔法克斯县安纳波利斯高中的"同伴调解"课题组的负责人。她的这个项目在哥伦拜恩中学惨案发生后受到了极大的关注并得到了全国的肯定。她曾接受过美国国家公共电台《考虑周全》栏目的采访，她表现得像一位辩论家一样光芒四射。她还是华盛顿城市电台WGPC《停止暴力》的特邀嘉宾。在担任这些社会角色几年后，她又加入了高中指导委员会，当然，这期间她一直在参与研究"冲突解决"方面的课题。洛登·基梅尔女士也为全学区的教师讲授有关"偏见意识"方面的课程内容。

目前，洛登·基梅尔女士在马里兰州蒙哥马利县担任学区顾问。她和她的丈夫特洛伊居住在奥尔良，他们有两个女儿——伊莎贝拉和莱克茜，他们还养了一条名叫马吉的狗。

导　　言

　　我准备去做一个讲座，内容是介绍我开发的一门名叫"偏见意识"的课程，在去的路上发生了一件有趣的事情……

　　当我的女儿费利西娅还是旧金山州立大学的师范生时，她和她的同学曾谈论我开创的"偏见意识"课程。结果她的同学表示想要更多地了解这门课程，于是她的教授决定邀请我为这些大学师范生做一个讲座。能有这样的机会，我简直是欢欣雀跃，因为这是一个多么好的借口啊，我可以借机去探望女儿了。（其实我并不需要一个"借口"去看望女儿，但我必须为长达4800公里的飞机旅程找个理由！）

　　好吧，我已经准备好了所有要讲的东西，却又一直非常害怕，我担心自己站在那里的时候，一些尴尬的场面会再次出现，而这样的尴尬场面似乎有一辈子那么长的时间没有出现了——女儿小的时候很胆小，而到了青春期她又是那么敏感，因此，她总是会因为我说的某句话或做的某件事而感到尴尬。为此，我不得不一再地提醒自己，邀请我去做讲座本身就是她自己的主意。

　　当这个重要的夜晚到来时，我正准备开讲，却发现我把演讲用的便笺卡落在计算机房里了，而机房的门已经被锁上了。当费利西娅请门卫开门取回我的便笺卡（这样一来，她又一次拯救了我）时，我相信那些我曾经使她窘迫的场面再一次浮现在她的脑海里。等她走后，我注意到焦虑情绪在她所在的班级同学身上蔓延开来，这种焦虑与他们担心自己的学生、同事无法掌控局面以及自己的不安全感有关，这让我想起自己将要做教师时的那些焦虑的日子。

当我正式开讲时，我看着他们说："当我还是一名新教师时，我问我自己，如果我是一名学生，那么我对教师会有什么期待？我期待教师能在一种既有趣又严格的情境下教我，我希望自己已经做到了。"

"现在，今晚，我看着你们——未来的教师——我再一次问我自己，如果我像你们一样坐在那里，我希望台上的这个人讲些什么呢？"我想我期望有一个教学实践经验丰富的教师——这个人每天要轮流面对175名学生，而且还掌握了各种策略来应对每天的日常事务和随时可能出现的危机——告诉我她所掌握的'职业技巧'。"

他们使劲点头，我知道我说到要点上了。在接下来的两个小时里，我和他们分享了自己的各项技能，这些技能是在与成千上万名8—17岁学生的接触中总结提炼出来的，也是从分享这些学生的日记以及他们的想法所累积起来的智慧中得来的。另外，多年来我还组织了家长—教师研讨班，一直在进行解决冲突方面的专业培训，我也从中获得了很多经验。分享了两个小时的教学策略之后，我又围绕"偏见意识"讲了两个小时。你猜猜接下来发生了什么？我女儿冲我眨眨眼睛使了个眼色，还向我竖起了两个大拇指。她的青春期总算过去了……我没有让她丢脸，而且她也为本书的最新修订做出了贡献。

从那天开始，我在研讨班上与无数教师分享自己的策略，他们也给了我很有价值的反馈与鼓励，本书就在这样的过程中诞生了。

我写这本书的目的就是为教师们提供一本我当初在课堂教学中苦苦

挣扎时特别想看的书——一本"教师之友",告诉我如何将课堂变成学生迫不及待地想来学习的地方;一本充满幽默感和常识,由拥有丰富教学经验的人所写的书,而这个人还必须是热爱生活的人。同时我也希望能够为资深教师提供新鲜的思想,从而帮助他们避免"职业倦怠"。

本书为师范生、新教师和有经验的教师提供了300多条策略,以便帮助他们与学生和睦相处、应对每天出现的教育问题。本书的主题主要包括这几个方面:如何开启富有成效的一年;如何帮助学生学会负责;如何真诚而公平地进行沟通;如何帮助学生建立自信心;如何避免对抗和摊牌;如何与家长和学校的其他教职员工有效合作。

请允许我向这些教师表示感谢,他们告诉我本书的前两版是如何帮助了他们的课堂教学。最令我开心的是本书的读者面非常广泛,从师范生到经验丰富的资深教师都有。

对于那些正在寻找教学策略的教师来说,我希望我已经为你们提供了你们所需要的策略。我相信你们可能会舍弃其中的一些策略,但我更希望你们能更多地尝试以便有效地运用这些策略。对于所有的新教师,我祝贺你们选择了这样一个能够获得出色成就的职业,我也希望我的经验和策略对你们有所帮助。记住,这些经验和策略中可能只有一部分对你们有用,而你们自己其实也可以创造出一些更有效的策略。祝大家好运并且有所成就!

我们可以通过电子邮件联系,请提出你们宝贵的意见或疑问。我的电子邮箱地址是:Prejteach2@aol.com。

雷内·罗森布拉姆—洛登

目 录

译者序 ·· I
原著序 ·· V
作者简介 ·· IX
导言 ·· XI

第一部分　为新教师和师范生提供的策略 ·································· 1

第一章　给新教师的零星建议 ·· 3
策略1：及时提醒身边的亲人 ··· 3
策略2：你的学生昨晚也没睡着！ ·· 4
策略3：处理好与指导教师之间的关系 ······································ 4
策略4：穿着打扮要成熟 ··· 5
策略5：学生确实会暗恋教师 ·· 6
策略6：充分准备 ·· 6
策略7：为学生设置灵活的目标 ··· 7
策略8：不要总是羡慕别人的教学计划 ······································· 8
策略9：及时完成行政工作 ··· 8
策略10：向其他教师寻求帮助 ··· 9
策略11：留心观察其他教师 ·· 9
策略12：避免一些教师负面情绪的影响 ·································· 10
策略13：要敢于说"不" ·· 10

第二部分 开始富有成效的一年 13

第二章 在学生没到校之前做好准备 15

策略14：早早去学校 15
策略15：布置教室 15
策略16：展示各种证书和奖状 16
策略17：合理利用学生的照片 16
策略18：不要让他人发现你没有做准备或迟到了 17
策略19：热情可以被感染，却不能被传授 18
策略20：可以友好相处，但不是亲密伙伴 18
策略21：慎重对待学生的个人成长记录 19

第三章 师生都在学校 21

策略22：最初的座位安排 21
策略23：关于座位安排的设想 22
策略24：不要按照身高或性别安排座位 23
策略25：如何分组 24
策略26：做好信息调查记录 25
策略27：设置"现在和以后"对比卡 26
策略28：开学第一天的"运动鞋" 26
策略29：有趣的自我介绍 27
策略30：在黑板上写出你的名字或电话号码 28
策略31：你收到了邮件 29
策略32：制定切实可行的班规 29
策略33：让学生自己制定一些班规 30
策略34：赢得教师的权威 30
策略35：你可以偶尔让学生放松一下 31
策略36：和学生坐在一起 32
策略37：在教室门口问候学生 32
策略38：做好必要的记录 33
策略39：哎呀！还剩5分钟 34
策略40：以积极的状态结束开学第一天 35

第四章 学生放学了，你得救了！	37
策略41：每件事情都可以重做	37
策略42：你不是精神科医生	37
策略43：不要自私地占用学生的所有时间	38
策略44：你不可能取悦所有人	38
策略45：回家放松一下	39

第三部分　帮助学生学会负责 ············ **41**

第五章 建立日常规范	43
策略46：养成良好习惯	43
策略47：用统一标准的笔记本	43
策略48：课前练习或"热身"	44
策略49：把教学目标写在黑板上	45
策略50：课堂总结	45
策略51：适时分发任务表	46
策略52：你是在教学，而不是在播放影像资料	46
策略53：谁宣布下课？	47

第六章 让学生做好充分准备	49
策略54：你不是学具供应商	49
策略55：替我做一件事当作回报	50
策略56：感谢折扣商店	50
策略57：请给我抵押品	51
策略58：防止铅笔丢失	51
策略59：准备有特色的铅笔	52
策略60：把削笔器盖起来	53
策略61：铅笔＝捐款	53
策略62：交换铅笔	54
策略63：准备好便条纸	54

第七章 布置家庭作业	55
策略64：家庭作业的重要性	55
策略65：把家庭作业写在黑板的固定位置	55

策略 66：将家庭作业编号 …………………………………… 56
策略 67：收家庭作业 …………………………………………… 56
策略 68：上交一份空白作业纸 ……………………………… 57
策略 69：在家庭作业承诺书上签字 ………………………… 57
策略 70：家庭作业的合作伙伴 ……………………………… 58
策略 71：鼓励学生写家庭作业 ……………………………… 59
策略 72：家庭作业豁免权 …………………………………… 59
策略 73：不做家庭作业的处罚 ……………………………… 60
策略 74：家庭作业的帮扶者就是你 ………………………… 61

第八章　建立去洗手间的规则 ……………………………… 63

策略 75：用签名记录的方式培养去洗手间的习惯 ………… 63
策略 76："你能等一分钟吗？" ……………………………… 64
策略 77：显而易见的允许 …………………………………… 64
策略 78：密码 ………………………………………………… 65
策略 79：洗手间通行证 ……………………………………… 65
策略 80：把洗手间当作休息室 ……………………………… 66
策略 81：一个月里特殊的几天 ……………………………… 66

第九章　放权给学生 …………………………………………… 69

策略 82：我们自己做选择 …………………………………… 69
策略 83：选择"暂时放弃"的权利 ………………………… 70
策略 84：圣地 ………………………………………………… 70
策略 85：暗地里的支持 ……………………………………… 71
策略 86：团结就是力量 ……………………………………… 73
策略 87：撒个小谎，说"很多同学都告诉我了" ………… 74
策略 88：不要找家长 ………………………………………… 74
策略 89：用柔和的语气与家长沟通 ………………………… 75
策略 90：大量的小测验 ……………………………………… 76
策略 91：提供选择的机会 …………………………………… 77
策略 92：评分协议 …………………………………………… 77
策略 93："班级"——一个集合概念 ……………………… 78

策略94：吃着零食，独立阅读 79
策略95：顺势而变 80
策略96：融入流行中 80
策略97：你教的内容学生学会了吗？ 81
策略98：角色互换或角色扮演 81
策略99：我很无趣吗？ 82
策略100：课堂意见箱 83
策略101：禁止使用俚语的有趣策略 83
策略102：不要过度纠正 84
策略103：学生的回报：对你的个人评价 85
策略104："帮帮我，有人要听我的课！" 85
策略105：我为你们感到骄傲 86

第十章 明确后果 87

策略106：每个行为都会有相应的后果 87
策略107：各种奖励，甚至是"钱" 87
策略108：使用糖果或不使用糖果作为奖品 89
策略109：从99分开始 89
策略110：操行评定单 90
策略111：处罚单 91
策略112：什么时候应该打电话找家长？ 91
策略113：避免冲突 92

第十一章 避免直接摊牌 93

策略114：无意识的言行 93
策略115：每一件事情都让学生感觉丢脸 94
策略116：幽默，而不是讽刺 94
策略117：最大的禁忌："仅仅是开个玩笑而已" 95
策略118："闭嘴！"——千万不要这样说 95
策略119："我告诉过你了" 96
策略120：避免争论 96
策略121：将问题泛化 97

策略 122：有选择地与学生"争斗" ………………………… 97
策略 123：重新开始 ……………………………………………… 98
策略 124：小心空洞的威胁 …………………………………… 98
策略 125：不要凭一时冲动制定规则 ……………………… 99
策略 126：营造胜利的氛围 …………………………………… 99
策略 127：剽窃行为 ……………………………………………… 100
策略 128：不要迫使学生说谎 ………………………………… 101
策略 129：使规则具体化——具有针对性 ……………… 101
策略 130：不要偏袒一方 ……………………………………… 102
策略 131：暂停一下 ……………………………………………… 102
策略 132：不要比较 ……………………………………………… 103
策略 133：永远不要进行人身攻击 ………………………… 104
策略 134：娱乐刺激 ……………………………………………… 104

第十二章 代替大喊大叫的策略 ………………………… 105

策略 135：教师的注视 ………………………………………… 105
策略 136："请原谅"的微笑 ………………………………… 105
策略 137：放低音量 ……………………………………………… 106
策略 138：手势艺术 ……………………………………………… 106
策略 139：拍手，拍手 ………………………………………… 107
策略 140：快，关灯！ ………………………………………… 107
策略 141：表扬一个人 ………………………………………… 108
策略 142：把名字的第一个字母写在公告板上 ……… 108
策略 143：视觉信号 ……………………………………………… 109
策略 144："我正在等待" ……………………………………… 109
策略 145：旅馆侍者使用的铃铛 …………………………… 110
策略 146：停止教学 ……………………………………………… 110
策略 147：迟到小测验 ………………………………………… 111
策略 148：早起的鸟儿有食吃 ………………………………… 111
策略 149：假想的朋友 ………………………………………… 112
策略 150：一天一个词 ………………………………………… 112

策略 151：休息时间⋯⋯⋯⋯⋯⋯⋯⋯⋯⋯⋯⋯⋯⋯⋯⋯⋯⋯ 113

第十三章 了解你的学生⋯⋯⋯⋯⋯⋯⋯⋯⋯⋯⋯⋯⋯⋯⋯ 115
    策略 152：班级的内在动力⋯⋯⋯⋯⋯⋯⋯⋯⋯⋯⋯⋯⋯ 115
    策略 153：劳动分工⋯⋯⋯⋯⋯⋯⋯⋯⋯⋯⋯⋯⋯⋯⋯⋯ 115
    策略 154：不要上演"我抓住你了"的把戏⋯⋯⋯⋯⋯⋯⋯ 116
    策略 155：具有欺骗性的外表⋯⋯⋯⋯⋯⋯⋯⋯⋯⋯⋯⋯ 117
    策略 156：学生也有心情不好的时候⋯⋯⋯⋯⋯⋯⋯⋯⋯ 117
    策略 157：以消极方式引起别人注意的学生⋯⋯⋯⋯⋯⋯ 118
    策略 158：好孩子也会做错事⋯⋯⋯⋯⋯⋯⋯⋯⋯⋯⋯⋯ 119
    策略 159：用不同的标准要求不同的学生⋯⋯⋯⋯⋯⋯⋯ 119
    策略 160：不做就不会有失败⋯⋯⋯⋯⋯⋯⋯⋯⋯⋯⋯⋯ 120
    策略 161：过于推崇体育运动⋯⋯⋯⋯⋯⋯⋯⋯⋯⋯⋯⋯ 121
    策略 162："我们真能心想事成吗？"⋯⋯⋯⋯⋯⋯⋯⋯⋯ 121
    策略 163：听觉偏好，还是视觉偏好？⋯⋯⋯⋯⋯⋯⋯⋯ 122
    策略 164：检查学生的感官⋯⋯⋯⋯⋯⋯⋯⋯⋯⋯⋯⋯⋯ 122
    策略 165：尊重学生的隐私⋯⋯⋯⋯⋯⋯⋯⋯⋯⋯⋯⋯⋯ 123
    策略 166：秘密就是秘密，除非⋯⋯⋯⋯⋯⋯⋯⋯⋯⋯⋯ 123
    策略 167：忽略传闻⋯⋯⋯⋯⋯⋯⋯⋯⋯⋯⋯⋯⋯⋯⋯⋯ 124
    策略 168：宽容与过分宽容⋯⋯⋯⋯⋯⋯⋯⋯⋯⋯⋯⋯⋯ 125
    策略 169：文化差异⋯⋯⋯⋯⋯⋯⋯⋯⋯⋯⋯⋯⋯⋯⋯⋯ 126
    策略 170：学生在家使用哪种语言？⋯⋯⋯⋯⋯⋯⋯⋯⋯ 127
    策略 171：质量，而不是数量⋯⋯⋯⋯⋯⋯⋯⋯⋯⋯⋯⋯ 127
    策略 172：混淆了字迹工整和认真负责之间的区别⋯⋯⋯ 128
    策略 173：把学生的争斗当成一场拳击赛来观看⋯⋯⋯⋯ 128
    策略 174：一吐为快的 1 分钟⋯⋯⋯⋯⋯⋯⋯⋯⋯⋯⋯⋯ 129

第四部分 表明你与学生同属一个团队⋯⋯⋯⋯⋯⋯⋯⋯ 131

第十四章 像专家一样与学生进行沟通⋯⋯⋯⋯⋯⋯⋯⋯⋯ 133
    策略 175：认同学生的感受⋯⋯⋯⋯⋯⋯⋯⋯⋯⋯⋯⋯⋯ 133
    策略 176：永远不要否认学生的感觉⋯⋯⋯⋯⋯⋯⋯⋯⋯ 134

策略177：利用"我"来传达信息 …………………………………………… 134
策略178：用"让我们"来代替"你们" …………………………………… 135
策略179：交替使用性别代词 ……………………………………………… 135
策略180：限制使用"你应该" …………………………………………… 136
策略181：一对一 …………………………………………………………… 137
策略182：如何倾听 ………………………………………………………… 137
策略183：彻底地实行约束而不是部分地约束 …………………………… 138
策略184：就规则论规则，不涉及人格尊严 ……………………………… 139
策略185：含糊其辞地表达 ………………………………………………… 139
策略186：描述你所看到的（或没有看到的）…………………………… 140
策略187：精选一条规则并严格执行 ……………………………………… 140
策略188：简明扼要地说话——一个词或一句话就足够了 …… 142
策略189：敲击课桌的学生 ………………………………………………… 142
策略190：你会用这种方式和成年人说话吗？…………………………… 143
策略191：不要预言未来 …………………………………………………… 143
策略192：复述学生的话 …………………………………………………… 144
策略193：不要混淆了表扬和批评 ………………………………………… 144
策略194：到底该不该咒骂？……………………………………………… 145
策略195：不接受强迫的道歉 ……………………………………………… 146
策略196：双重信息 ………………………………………………………… 146
策略197：其他教师会告诉我什么呢？…………………………………… 147

第十五章 确保公平 …………………………………………………………… 149
策略198：承认你也有犯错的时候 ………………………………………… 149
策略199：承认你也有不知道的时候 ……………………………………… 150
策略200：永远不要违背诺言 ……………………………………………… 150
策略201：永远别要求学生做出承诺 ……………………………………… 151
策略202："现在我心情不好" …………………………………………… 151
策略203："这样做我比你更痛心" ……………………………………… 152
策略204：绝不要有"男孩子就应该像男孩子"的思想 ……………… 153
策略205：传统礼节中存在的缺陷 ………………………………………… 154

策略 206："请"与"谢谢"等礼貌用语 ·············· 154
策略 207：准确估计家庭作业量 ·················· 155

第十六章　发展师生之间亲密关系的策略 ············ 157
策略 208："我站在你这边" ······················ 157
策略 209：接受作弄——一起傻笑一回 ············ 158
策略 210：告诉学生你的生活经历 ················ 158
策略 211：保持中立 ···························· 159
策略 212：特殊的几分钟 ······················ 160
策略 213：15 秒的荣誉感 ······················ 161
策略 214：有创意的借口 ······················ 161
策略 215：规则下的通融 ······················ 162
策略 216：写日记 ···························· 162
策略 217：知道自己什么时候与学生的关系过于亲密了 ···· 164
策略 218：大声地给学生朗读 ···················· 164
策略 219：巨型年历 ·························· 165
策略 220：庆祝生日 ·························· 165
策略 221：打起精神 ·························· 166
策略 222："我想到了你" ······················ 166
策略 223：晨会 ······························ 167
策略 224：全班共同解决问题 ···················· 168
策略 225：洛登的人生经验（或讲授获胜之道） ······ 168
策略 226：再次装饰你的教室 ···················· 169
策略 227：向学生保证，你会把他们身上的闪光点
　　　　　告诉他们的家长 ···················· 170
策略 228：感谢学生给你带来了欢乐 ················ 170

第五部分　通过赢得表扬来建立自信 ················ 171

第十七章　建立自尊的策略 ························ 173
策略 229：表扬，表扬，再表扬——但不要过度表扬 ······ 173
策略 230：肯定学生的进步 ······················ 174

策略231：评分过高 … 174
策略232：评分也要有助于学生建立自信 … 175
策略233：在适当的时候给予热情的赞扬 … 176
策略234：需要鼓励而不是贬低 … 176
策略235：尊重学生的独特性 … 177
策略236：领导需要追随者 … 177
策略237：不要急于纠正学生的答案 … 178
策略238：尽管学生"表现平平"，也要与其家长沟通 … 178
策略239："我知道你能做到"（甚至做得更好）… 179
策略240：小小的无伤大雅的谎言 … 180
策略241："你是晚熟的人" … 180
策略242：分流 … 181
策略243：我们当中也有些人不会拼写 … 182
策略244：作业上面的积极评价 … 183
策略245：展示所有学生的作业 … 184
策略246："我得了97分！你得了多少分？" … 185

第六部分 安全问题 … **187**

第十八章 个人的、身体的、职业的安全 … 189

策略247：肢体接触还是不接触？… 189
策略248：面朝教室门 … 190
策略249：不要把学生交给陌生人 … 190
策略250：不要把学生赶出教室 … 191
策略251：不要单独阻止争斗 … 191
策略252：预先浏览影片 … 192
策略253：学校的应急方案 … 192
策略254：自助餐厅 … 193
策略255：一直开着教室门 … 194
策略256：永远不要出现班级无人照看的状况 … 194
策略257：你不是药剂师，也不是医生 … 195

策略258：教师的汽车不要搭载学生 ································ 196
策略259：记录每一个意外事件 ···································· 197
策略260：相信自己的直觉，遵从自己的本能 ···················· 197
策略261：早该回家了 ··· 198

第七部分　运用你的支持系统 ·· 199

第十九章　与家长合作 ·· 201

策略262：立刻约见家长 ·· 201
策略263：给学生家里邮寄介绍性质的信件 ······················ 202
策略264：尽量和家长面谈一次 ···································· 202
策略265：尽早通知家长 ·· 203
策略266：设一个回执单 ·· 204
策略267：家长与互联网 ·· 204
策略268：鼓励家长积极参与 ······································· 205
策略269：特殊的亲戚日 ·· 205
策略270：打电话给父母双方 ······································· 206
策略271：让学生也参加家长会 ···································· 207
策略272：教师作为中间人 ··· 208
策略273：对家长会的掌控策略 ···································· 208
策略274：使家长放心 ··· 209
策略275：持防御态度的家长 ······································· 210
策略276：家长与家庭作业 ··· 211
策略277：孩子是梦想的实现者 ···································· 212
策略278：家长比你知道得更多 ···································· 213
策略279：相互责备的游戏 ··· 213
策略280：别总是用老一套看待家长 ······························ 214
策略281：注意学生家里的自动应答机 ··························· 215
策略282：隐藏电话号码 ·· 215

第二十章　与学校的相关支持团队通力合作 ··················· 217

策略283：与学校的管理人员合作 ································· 217

策略 284：适时向学校辅导员或心理专家咨询 …… 217
策略 285：冲突解决机制 …… 218
策略 286：合作的教师需要互相交流信息 …… 218
策略 287：伙伴教师 …… 219
策略 288：其他教师的成功 …… 220
策略 289：勇敢地面对其他同事 …… 220
策略 290：不要说学生的闲话 …… 221
策略 291：教师之间的竞争 …… 222
策略 292：你是否需要经常在班级间流动 …… 223
策略 293：野外郊游协议 …… 224
策略 294：帮助代课教师 …… 224
策略 295：让学生做好准备，从容应对你请假 …… 226
策略 296：对代课教师进行评估 …… 227
策略 297：与当地的书店、图书馆和商店保持
良好的合作关系 …… 227
策略 298：和"老板"友好相处 …… 228
策略 299：教师工会 …… 229
策略 300：及时更新教学技能 …… 230
策略 301：对教师而言真正重要的人 …… 230

第八部分　临别赠言 …… 233

第二十一章　明年见 …… 235

策略 302：教学真的是你想从事的工作吗？ …… 235
策略 303：保持联系 …… 235
策略 304：档案袋 …… 236
策略 305：假期"不适症" …… 236
策略 306：避免职业倦怠 …… 237
策略 307：离暑假只有短短数月了 …… 238

第一部分

为新教师和师范生提供的策略

众所周知,最具创意的想法来自于新手而非专家。

那些教龄较长的教师通常被称为"专家",而实际上,他们当中有些人是,有些人则不是。一些被称为"专家"的教师恐怕不得不"赶鸭子上架"(在某个好日子里),因为他们之所以被称为专家,仅仅是由于他们一辈子都在从事教学工作而已。其实,根本没有必要这样。刚刚从学校毕业的你们,大多数人都充满了一种神奇的力量,这种力量我称之为"永不知疲惫的理想"。事实上,新教师刚刚结束关于教学课程的学习,已经掌握了各种各样精彩的教学策略和理论。

不要畏惧尝试,也不要害怕使用你所具有的各种创造力。真正有才能的教师在很短的时间内就能成长为"专家"。

第一章　给新教师的零星建议

策略1：及时提醒身边的亲人

在最初上任的几周内，新教师通常都会感觉压力很大。这时，你应该请求你的朋友和家人容忍你，因为你或许会减少与他们相聚的时间，甚至你还可能会把在课堂上无法发泄的不满情绪发泄在他们身上。你要提前提醒他们，你可能会一回到家就倒头大睡，或许还会在周末最美好的时光里昏睡不醒。

有时候，你会有很多关于"可爱"学生的"可爱"故事，但我要提醒你，事实上是你身边爱你的人太好了，他们不忍心告诉你，其实他们已经比较厌烦你了。这就像有人告诉你，你的邻居跟别人跑了，除非你认识这个邻居，否则谁会在意这样的事情呢？如果你注意到他们的眼神飘忽不定，那就到了你该转换话题的时候了。当然，你也不要太担心，事实上还是有很多人真正地愿意听你讲故事。（那些认识你学生的教师就是最好的听众。）

策略2：你的学生昨晚也没睡着！

在开学的头天晚上，你或许一刻也没有睡着，但实际上，你的许多同事和学生与你一样也没有睡着。无论教了多少年课，在开学的第一天，我们总会产生一些焦虑情绪，如同第一年上班的情景再现。你可能会辗转反侧，难以入睡，接着你就会担心第二天会在讲桌上睡着。放松，不要担心！当你第二天上课时，你的肾上腺素开始分泌，你的精神会越来越好。实际上，你的学生也只是关注他们自己，他们根本没有注意到你的焦虑。

策略3：处理好与指导教师之间的关系

常有师范生向我请教，该如何告诉自己的指导教师他们正在做的事情是错误的。哦，这真是有点异想天开！你要明白，在你的指导教师的课堂上，你只是一个客人，你的行为应该符合客人的身份。我们必须像对待自己的父母那样对待我们的指导教师。要知道，我们是有求于他们的，除非他们的所作所为实在是太可怕了，那时我们才可以有所行动。但无论如何，如果你有好的想法，你可以通过提建议的方式告诉他们，或者问他们是否愿意尝试其他不一样的方式。当然，一位优秀的指导教师通常会征求你的意见，那时你会感觉终于可以自由地表达自己的观点了。不过，你要提醒自己，你在那里是为了向指导教师学习，而不是教育指导教师，即便我们都知道你有很多想法值得分享。

我教过一个师范生，我相信她会有一个光明灿烂的前景。她曾经受教于一个非常严厉的独裁型指导教师。这位教师不仅恐吓学生，甚至还恐吓她，但这个师范生说："至少我从她的身上学会了哪些事情是不能做的！"

策略 4：穿着打扮要成熟

哦，我真不敢相信我会提这样的建议。当我刚开始教书时，我为自己是个不遵循传统的人而自豪，甚至还坚持穿牛仔服去学校上班。但这确实是一个问题，因为刚开始工作时我还是个年轻人，看起来和学生的年龄差不多。结果你猜怎么样？学生把我当作了他们中的一员。

这听起来似乎不错，但作为课堂中的权威，你必须与学生保持一定的距离。要做到这一点，注意自己的穿着打扮是一个重要的方面。如果你打扮得像一位专业人士，这会给你的课堂教学开个好头。因为这样的打扮传递着这样一种信息，即"我是老师，而你们是学生"。有研究表明，如果一位教师外表上看起来更专业，那么他运用的一些课堂纪律方面的策略就会更有效。一开始我也不相信这样的言论，直到有一天，当我必须穿着比较正式时，我意外地发现学生看到我之后的反应有些改变，而且可以确定的是，这种变化是积极的。

我有一个朋友是初中教师。有一次，她的一个学生对她说："你一定真的喜欢我们，因为你每次来上课时都打扮得很正式，就好像你要去某个重要的场合一样。"

最终你可能会按照你自己认为合适的方式去打扮自己，但我还是建议你在刚开始工作时最好打扮得像个专业教师。另外，要记住一些青少年学生可能会"暗恋"他们的教师，因此我还要进一步建议你还是打扮得保守些为好。

策略5：学生确实会暗恋教师

这样的事情确实会发生！无论学生的年龄有多小，你都有可能会成为她（他）爱慕的对象。请一定要谨慎对待这样的事情，因为哪怕是一点点嘲笑都会伤害这些脆弱而幼小的心灵。要小心地与学生保持距离，因为这样的学生通常会变得有很强的占有欲，甚至会因为你有自己的社会生活而感到烦躁不安。

我有一个学生（身高刚到我的腰部），他告诉我他梦见自己痛打了我丈夫。我问他为什么，他说仅仅是因为不喜欢他而已。（顺便提一下，他从来没见过我丈夫！）

而对于那些年长的学生，尤其是高中生，教师必须特别注意不要传达出这类信息，也不要回应这类信息。

策略6：充分准备

作为新教师，你不可能精确地测算出你第一天的工作计划会实施多长时间。在这一天里，你要做自我介绍、制订课程目标、讲解课堂和学校规范、临时安排学生座位、布置提前准备好的家庭作业,等等。一个好办法就是准备额外的课时,"以防万一"。曾有好几年我未完成事先的计划,而另外的几年我又好像是在一分钟之内就完成了制订好的计划,甚至完成的比计划还多得多。一个班级的动态变化非常快,以至于你根本不可能完美地设计出一节课45分钟的所有内容,也不要期望每个班级都会做出同样的反应。在课堂上进行"即兴表演"是一件非常困难的事情,尤其是面对一个崭新的班级,因为总有一些反应敏锐的学生会发现你没有做准备,于是他们会使你看起来无法掌控课堂。

为一个小时的课堂做两个小时的准备,这是一个值得你养成的好习惯。如果你都没有做好准备,你还能期望你的学生怎样呢?虽然我介绍的经验已经对你起作用了,但是,作为新教师,通常在刚开始的时候还是要做充分的准备。

策略 7:为学生设置灵活的目标

如果学生没有达到你期望他们达到的阅读和写作水平,请放轻松些。教师通常会为学生设置一些他们无法达到的目标。在你确信自己没有教给学生任何东西之前,在你干不下去准备辞职去面包店工作之前,你应该首先找出你的学生可能存在的不足之处。你可以查阅他们的记录,与其他相关教师谈话,与他们的父母讨论他们取得的进步和没有取得进步的地方。一些学生的进步可能会非常缓慢,而有些学生的进步则很神速。你不能期望所有的学生都达到同样的学习水平。有时候,哪怕学生取得了微不足道的进步,你也必须表现出满意,因为这是学生在这个时候所能达到的水平。如果学生没有取得任何进步，而你又认为他有能力取得进步，那么你可以和你的指导教师或他的资源教师谈谈，看如何做才能帮助他取得进步……这样做并不会贬低你自己和你的教学能力。

策略 8：不要总是羡慕别人的教学计划

讨论教学计划时，很多新教师都告诉我，他们总是确信别人的教学计划更好。他们总是感觉自己的教学计划还不够好。不要自寻烦恼！那些你所羡慕的人也许也在猜想你会有什么精彩的想法呢。你的计划或许已经很好了，但自我质疑确实还能促使它更好。每次听到有人抱怨新教师时，我都会暗自发笑。你看，我就喜欢和新教师一起工作，因为我一直认为他们的教学计划比我的好。

策略 9：及时完成行政工作

我们中的许多人都会面临"组织上的挑战"。我曾经见到一些教师甘愿淹没在各种各样的书面报告中，我不希望这样的情况发生在你们身上。千万不要拖延，要及时上交各种报告。你也不愿意你的校长或学科主任总是催促你交报告吧（尤其是在你要求学生及时上交作业的时候）。如果你不能及时上交你的考勤册，那么就会拖累学校秘书；如果你不能及时上交学生成绩登记册，那么就会拖累你的同事；如果你不能及时备课，那么你的档案中就会多一封你也不愿意看见的信。做好这些日常的例行工作，知道什么时候应该做什么事情，不要总是把它们都留到最后一分钟才做。（好吧，即便我们不可能每次都按时完成，但至少我们要尽力去这样做！）

策略 10：向其他教师寻求帮助

如需向其他教师寻求帮助，在任何时候都不要犹豫。我曾经发现一些教师声称他们从来都不需要帮助，即使他们的课堂已经相当混乱不堪了。一般来说，越是自信的教师越会向他人寻求帮助。因此，当你还年轻、职位也不高，并且你的自尊也允许你向他人寻求帮助的时候，赶快行动起来吧！老教师都比较喜欢帮助新教师，你或许能学到别人的"工作智慧"并应用到你自己的课堂中。老教师会告诉你如何处理那些调皮的、惹人注意的孩子，比如那些哼着不着调的曲子只是为了惹怒你的女孩，或者那些专门"蒙骗"老师的男孩。但我相信，当你经验逐渐丰富的时候，你会更有同情心地去关注那些在学校缺乏安全感的孩子。

策略 11：留心观察其他教师

你是新教师，你会形成自己的教学方式，但是，通常都要经历几年后，你才能了解哪些方式有效果，哪些不起作用。在第一年，你肯定是成功占多数，失败占少数。

首先我建议你征求其他教师的意见。接下来，我建议你去征求校长的意见，看他是否同意你去听其他教师的课。假设，这一切都可行，那么通常情况下，你会发现几乎所有的学生都喜欢上某个特定教师的课，你观察他的教学方式或许能帮助你定位自己的教学方式。

策略 12：避免一些教师负面情绪的影响

拜访新教师时，我听到一些令我很沮丧的抱怨。他们抱怨一些教师在工作中感受不到快乐，而且对每一件事都很苛刻。幸运的是这种情况不常发生，但我知道它确实存在，尤其存在于那些为教育事业奉献了一生即将退休的老教师身上或那些自认为教育简单易行的教师身上。如果你在自助餐厅碰巧遇到一群教师聚集在一起发泄抱怨，那么你最好拿着你的午餐去别的餐桌，或者与那些和你一样有激情的教师在另外的屋子里共进午餐。负面情绪有传染性，但同样地，积极情绪也可以相互传染。对于那些经验丰富的教师，我希望你们能与新教师分享积极的情感体验，并帮助和鼓励新教师自我发展。

策略 13：要敢于说"不"

新教师大多是理想主义者，他们通常会夸大自己的能力，喜欢做一些力所不能及的事情。举个例子，一位校长有一份工作需要教师完成，但有经验的教师都拒绝了他，这样这份工作就落到了你头上——这份工作令人沮丧，但你不懂得说"不"。

在学校工作的第一年与在师范学校学习的最后一年有很大的区别。现在你是课堂的管理者，而且有些事情需要你去拒绝。有时候，你不得不说"不"。我遇到很多新教师，他们不敢拒绝上司的要求，因为害怕上司认为他们不是好教师。我也遇到过一些新教师，他们相信自己能做所有的事情，但结果他们发现仅仅是批阅试卷和备课就能使教师通宵达旦地工作。

我知道说"不"很不容易，尤其是当你认为自己有足够的能力和热情的时候。我见过太多的教师在工作的最初几年就让自己疲惫不堪，因为他们被自己自愿承担的任务压垮了，他们没有认识到，日常教学工作所花费的时间是他们预期的两倍。

第二部分

开始富有成效的一年

很好,你们都在这儿,无论是新教师还是不那么"新"的教师,大家都准备轻松搞定这一年。每学年的开始总是有一点压力的,因为大家都需要去了解彼此。你需要花费一点时间问自己,这一年你期待自己实现什么,然后开始工作并真正实现它们吧!

第二章　在学生没到校之前做好准备

策略 14：早早去学校

在上课铃响之前到校非常重要，如果你是教师，这一点尤其重要。其实，我们中的大多数教师都有自己的作息规律，我们通常睡得很晚，第二天起床后只能是准时到校。但是，请你尽量比孩子们早半个小时到教室。你可以先喝点黑咖啡以保证自己足够清醒，然后再布置好教室以便迎接新一天的工作。你可以准备你的课，把你需要的材料放在触手可及的地方，等等，总之，你要从整体上为你一天的工作做好准备。这样，当学生进入教室发现你等在那里欢迎他们时，他们会有一种舒适感。相反，如果我们一开始就气喘吁吁地跑进教室，那么这一天的工作都会以这种非常忙乱的方式开始，而且这样的混乱局面会一直持续下去。

策略 15：布置教室

许多教师要等到学生到校后才开始布置展板和装饰教室。其实，一个好主意就是在学生到达之前你就把教室布置得很有欢迎的气氛，因为什么都没有的教室就像一个没有"人气"的荒地，会使年幼一点的学生认为学校是一个恐怖的地方。当然，这也不要求你成为室内设计师，只需要用各种彩纸和海报装饰教室，使学生感觉舒适就可以了。开学第一天，你可以给学生布置一些关于他们的有趣的事情，然后把他们的作品张贴在展板上，这样他们会感觉从那一天起自己就是这个集体的一部分了。

策略 16：展示各种证书和奖状

当你向医生咨询一些问题时，你进入他的办公室后会看见什么？当你进入会计师的办公室，他正在核算如何给你一大笔补偿款的时候，你又会看见什么？你满眼看到的都是他们骄傲地展示出来的各种证书和奖状。我们也是专业人员，我们也有自己的证书和奖状，我们为何不展示出来呢？当然，我们的办公室可能没有那么安全，如果这些证书和奖状被偷了，那将是一个灾难。但是，你为何不用复印件呢？把你的证书和奖状复印后装裱起来，挂在办公桌后面就可以了。通过这一点就可以使那些初次接触你的人感觉到你是专业人士，并且还能给那些忘乎所以的家长一点暗示。

策略 17：合理利用学生的照片

在开学的第一天，你可能出于某种需要要求学生带一张近照来学校。

你可以用这些照片做拼贴画或布置成"小淘气"画廊,你还可以要求学生把他们的名字和简介写在照片的下面,或者你能想到其他富有创意的做法。如果你能从那些新入学的学生（如果你知道是哪些学生）家长手里要来孩子的照片,那么孩子们一进教室就能看见自己的照片,尽管这很费时间,但确实是一个超级棒的主意,尤其那些怕生的年幼孩子,他们需要一些熟悉的东西来使他们感觉就像在自己家一样。

还有一个有趣的做法就是,在每个学年结束的时候给每个学生拍张照片,然后把开学初的照片和这张照片都装在"祝你有个愉快的暑假"的信函里。这样学生可以从这两张照片中看出自己的变化,而且这也是一种结束本学年工作的最佳方式。当然,你必须确定要求学生上交照片是合法的,因为有些州规定如无家长同意不可以这样做。

策略 18: 不要让他人发现你没有做准备或迟到了

如果你没有做准备而是"即兴表演",学生通常会识破。我曾经对一堂课的部分内容做了大致的准备,然后想把其余的内容蒙混过关,结果被学生识破了。在那样的情况下,我感觉我对课堂失去了控制,因为那个时候不是我在找东西,就是我的课堂已经"迷失了方向"。如果你不能确定你已准备好所需的所有材料,那么这种情形就会经常发生。不要总是期望用自己的个人魅力维持学生的兴趣——这只会让你失望。

对于教师而言,迟到就太过分了。大多数州都规定,如果教师没在场,学生不能擅自离开,这是出于对学生安全的考虑。再说,你作为教育者应该为学生树立榜样。如果你一边惩罚学生的迟到行为,一边自己却悠闲从容地迟到，这样做也太虚伪了吧！像这种"说一套，做一套"的言行在这里是绝对行不通的！

策略 19：热情可以被感染，却不能被传授

我们相信，新的一年无论对学生还是对我们自己而言都是令人兴奋和富有成效的一年。因此，首先我们必须激发自己的热情。怎样才能做到呢？很简单：你要做充分的准备，安排令人兴奋的课程内容以便激发学生的心理期待，并且你要认识到，如果你都不愿意在这里教，那么学生也不愿意在这里学。告诉学生，你和他们一起在这新的一年里会有多么美好的未来，你还可以询问他们对教师有什么期望。（当然，你不仅要按照他们说的去做，而且要做得更多！）

策略 20：可以友好相处，但不是亲密伙伴

在新学年开始的时候，学生总会试探教师。这时候我就会对学生说："我的工作是教学，而不是成为你们的亲密伙伴。"不要想做唯唯诺诺的老好人，学生可没有那么多同情心。我曾经见过有的教师尽力与学生做"亲密伙伴"，但不管你是否相信，这不是学生所期望的，因为他们有自己的伙伴，无论你有多"酷"，你也不可能是他们的伙伴。

我总是对那些和我过分亲密的学生说，我们可以友好相处，但我们不是朋友。大多数教师都不会这样做，因为他们害怕学生会不喜欢他

们。相信我，学生会喜欢你的。

如果你没有确定好与学生之间的界限，那么他们就会混淆与你的关系，进而对你做出无礼的行为，接着你就会请来他们的家长，向他们抱怨学生的无礼。我首先会以坚定的口吻告诉学生我的工作是教他们，之后，我又微笑着向他们保证他们会在接下来的几周内喜欢上我。（当我感觉他们跟我过分亲密时，我会吓唬他们，告诉他们我愿意和他们玩，但同时又不停地抱怨我的关节炎。这样做很有效哦！）

策略 21：慎重对待学生的个人成长记录

在开学的最初几周里我从来不看学生的学业和品德记录（除非有特殊需要），你可能会觉得这样做不同寻常，也有一些教师不赞同我的这种做法，但我发现阅读其他教师填写的这些记录会使我对学生的看法产生偏差。或许，你会不断地跟我说这些记录不会影响你对某个学生的看法，但是依我看，你一定会形成某种偏见，例如，如果你听说某个学生有敌对情绪，那么你就会对该生的敌对情绪产生预设。

虽然一些学生的学业记录显示近两年他们的阅读水平落后了，但我知道这些孩子已经做得很好了。因此，我不断告诫自己，千万不要降低对这些孩子的期望。我并不是建议你不要阅读学生的成长记录，因为它对你来说确实非常重要，你可以从这些记录中尽可能多地了解学生。我只是鼓励你在阅读学生记录之前先形成自己对学生的看法。

当然，如果记录中有显示学生身体状况的医学记录，那么你还像前面那样做就不对了，你应该立即查看。这相当重要，因为只有查看记录，你才能知道采用哪种正确的方式对待那些需要药物治疗或有某种缺陷的孩子。在我教3年级时，班里就有这样一个男孩，他先天的心脏状况不好，因此他的体育活动应该被缩减。但是，如果我事先没有阅读这样的记录，那么我的做法将会危及这个孩子的健康，因为他肯定是最后一个告诉我他不能围着体育场跑246圈的孩子，毕竟，大多数孩子都不想让自己在这方面显得与别的同学不一样。

当然，你会对这类信息保密。而且，如果没有必要，即使在私下里，你也不要当着孩子的面说出这些信息，以免孩子感到难堪。

第三章 师生都在学校

策略 22：最初的座位安排

第一天，学生刚进教室时可能都会冲向自己选定的座位坐下，对于这样一种难以处理的局面，我有一个师生双赢的解决方案：先让学生坐在他们选定的座位上，然后，教师立即解释说这样的座位安排不是永久性的，是可以随时调动的。这时，可能会有学生哼唧一两声，但通常他们会接受自己的座位是临时性的。让孩子们在自己选定的座位上坐几天，如果这样的位置看起来很好，那么就告诉学生你相信他们的判断，并且允许他们继续坐在自己选定的位置上。就在这一瞬间，学生会认为你是他们接触过的最伟大的教师，因为他们感觉你给了他们一些他们从未感受到的东西。如果发现某些座位安排使调皮的学生互相影响（或某个学生受到周围学生的欺负），那么你可以调整座位。这样做，显得你很公平，因为你事先解释过你的想法，所以学生的抱怨可能会降至最低。

策略 23：关于座位安排的设想

你可以尝试用多种方式安排座位。有些方式比较简单，比如按照学生生日顺序或按照学生所穿衣服的颜色安排，甚至还可以按照字母倒序的方式安排，你还可以通过抓阄的方式确定位置，以说明这种座位安排是随机的，但是，千万不要按照身高或性别安排座位（具体参见"策略24：不要按照身高或性别安排座位"）。

有些教师喜欢环绕聚集式的座位安排，而有的教师宁愿用传统的秧田式，我个人比较喜欢马蹄形或倒U形的座位安排。基本上，班级学生按照半圆形排列，而我则在教室前方。实际上，这种座位安排是一个能解决学生犯纪律问题的小窍门。最初，我把调皮捣蛋的学生安排在教室的两侧，而不是安排在一侧，并自认为这是一种聪明的做法，但是，我现在提醒你们，千万不要这样做！因为，这样安排座位后，调皮的学生就面对面了——他们可以随意地做鬼脸、互相打招呼以及做出各种可能的捣蛋行为。最后，我发现可以把他们安排在教室的一侧，中间还可以安排认真学习的学生加以隔离。这样，那些调皮的学生相互之间就看不到了，很有可能会专心地听你上课。这样做还有一个好处，就是使你在空间距离上一直都靠近他们，因为你既可以直接站在他们一边关注他们，也可以站到教室的另一边直视他们，关注是哪些学生在调皮捣蛋。

如果你的班里有太多这种遵守纪律有困难的学生，那么我不建议你使用这种座位安排。但是，如果班里好的和不好的学生比较平衡，那么这样安排座位就能够以一种积极的方式让每个学生都参与到教学活动中来。

我还要强调的一点就是要定期轮换学生的座位，我通常是1个月轮换一次，这样能确保这些学生旁边坐的是不同的学生。当我采用传统的秧田式安排座位时，第一排会轮换到最后一排，其余依次往前调一排，这样能确保每次轮换每个学生旁边总会出现"新"面孔。对于学生来说，社会化是非常重要的，让班里的每个孩子都熟悉自己班级里的同学，这比让部分孩子形成一个小圈子要明智得多。

策略24：不要按照身高或性别安排座位

如果一个学生没有达到他（她）所属性别的"标准"身高，那么按照身高安排座位就会凸显学生的这个特征，使学生感到羞辱。不要担心小个子学生——他们坐在哪里都能看见，如果实在看不见，他们会告诉你的。学生最不希望的事情就是你注意到他（她）的身高没有达到标准。（或身高过高——个子高的学生会给人一种比较笨拙的感觉！）

同样，按照学生的胖瘦安排座位也没有必要。你可以试着让学生自己排队安排座位，或者按照姓氏的首字母顺序（或者颠倒字母顺序，因为Z开头的人通常总是排在最后）排队。

谈到座位安排，我们既然从来都不按照学生种族来分类安排，又何必按照性别来分类安排呢？即使学生愿意这样安排，但我们作为教育工作者，早就应该结束所谓男女"互相对立"的荒诞言论。我们应该尽可能早地促进男女之间的相互交往，不要让一种性别的学生认为另一种性别的学生是"敌人"或"无关的他人"。如果我们在学生上低年级时就避免了这种性别间的隔阂,那么当孩子们进入中年级该相互交往的时候,他们的交往经验就会更丰富。

策略 25:如何分组

如果没有必要按照平衡学业的方式进行分组的话,那么用一副纸牌来分组是一种很好的方法。我的建议是在一年当中尽可能进行不同组合的分组。一个很简单的方式就是发给每个学生一张纸牌,然后让他们把纸牌放进书包保存好。(当然,你最好是简单记录一下每个学生拿的是哪张牌,因为如果某个学生不小心丢了他的纸牌,你那儿还有可查询的记录。)如果有28个学生,我建议你每种花色的纸牌都从A发到7。

如果需要的组比较大,那么你可以按照纸牌的花色分组;如果需要的组比较小,那么你可以按照相同的数字分组;如果需要的每组成员多于4人,那么你可以把两个数字分为一组;如果你喜欢挑战,并且想尽可能地混合学生,那么你可以同时按照花色和数字来分组(红A,黑3)……像这样有无穷多的搭配组合。采用这种形式分组的一个好处是学生确切地知道这样的分组是随机的,而且你也可以让学生了解,如果他们不愿意加入某个组,你是不能容忍他们的抱怨的。

策略 26：做好信息调查记录

你需要了解学生及学生家长的许多信息，一个好方法就是准备好一张信息调查表，让每个学生带回家请家长清楚完整地填写。这个信息调查表应该包括学生的姓名、家庭地址、电话号码以及 E-mail 地址等信息，把这些信息与教学计划放在一起，这样，你就可以在需要的时候及时联系他们了。你还可以调查学生的课外活动情况，以便了解他们在课堂之外是否参加学习。学生家长还应该告诉你他们工作单位的电话或一天中随时可以联系到他们的方式。当然，你还可以调查学生家长是否有某种专业技能、是否愿意与你的学生一起分享学习，另外，询问学生在家里使用什么语言也是一个不错的主意。你也可以调查家长想问你什么问题，在家长会召开之前给家长一个向你提问的机会，这样可以帮助你在家长会上做出完美的回答。你甚至还可以问一些建设性的问题，比如："你是否关注孩子行为习惯的变化？"或"我们一起做些什么工作以促使孩子们度过美好的一年？"

当所有调查问卷反馈回来后，你可以把这些调查问卷装订在一起。如果你想把这些信息整理得更好，可以买一个插页文件夹，然后把这些问卷放到文件夹里，你还可以把家长会记录、与家长和辅导员的谈话记录、推荐信等其他相关信息放入文件夹，把所有信息都整理好，这样，你就能很容易地找到需要的信息了。

策略27：设置"现在和以后"对比卡

"现在和以后"对比卡一方面可以在学年初使你了解学生的情况，另一方面在学年结束的时候又可以显示出学生发生了哪些变化。

开学初，你可以向学生分发一些小卡片，在这些卡片上提出一些问题，以帮助你了解和认识学生。例如：

你最喜欢的科目是什么？

你最厌恶的是什么？

你希望自己在这一年有什么样的发展？

你喜欢什么样的音乐？

保存这些卡片，然后在学期末的最后一天，把这些卡片发还给学生。每次收到卡片，他们总是发笑，因为等到学年结束时，其中一半的答案都已经不符合他们这时的想法了。我曾经见过一个十几岁的孩子拿到卡片后表现出悲哀的样子，因为他在9月份的时候竟然喜欢上了一个"不道德"的摇滚乐团。

策略28：开学第一天的"运动鞋"

对于低年级的学生来说，开学第一天最精彩的活动就是把一系列的材料放进他们每个人的课桌里。装这些材料的袋子可以做成一只运动鞋的样子，并把它称为"迈入5年级的运动鞋"。把简单的任务直接摆在低年级学生面前,他们不需要指导马上就可以开始活动,这样做很有可能为本学年的学习奠定比较好的基调。如果你想做得更特别,可以把学生的名字写在他(她)的"运动鞋"上。

策略 29:有趣的自我介绍

根据学生的年龄特点,他们可能有很多种自我介绍的方式。在此,我仅仅是抛砖引玉。

年幼学生的自我介绍往往是说出自己的名字,再加一个修饰语,比如"爱唱歌的莎拉"。当你让学生自我介绍的时候,在他们开口之前,你千万不要让学生重复自己的名字,这样会给他们很大的压力,对后面的学生来说也不公平。另一种自我介绍的方式就是让孩子们说一件关于他们的最特别的事情(或者说一说他们区别于班里其他同学的特别之处),学生通常会说出一两件或与其他同学说的同样多,然后就转而介绍自己的父母了,因为他们发现介绍别人比介绍自己更容易。如果你事先准备好一些提示性的问题,那么这种活动就会变得更容易一些。还有一种配同桌的方式,就是让每两个孩子列举出他们相同的和不同的地方。如果你班里学生的人数是单数,那么你也可以参与进来和一个学生配成一对。真正有趣的活动方式是让每个孩子都在纸上写出关于自己的一句真话或谎话,然后让班里的学生猜纸条上写的是谁,这是一种打破僵局的好方法,因为孩子们喜欢这种方式,而且对他们来说参与起来也比较容易。如果你比较喜欢传统的做法,可以先指导他们在纸上写出自我介绍,然后在同学面前大声地读出来。这也是一种巧妙地检测学生写作技能的方法。

策略30：在黑板上写出你的名字或电话号码

毫无疑问，首先你要做的事情就是把自己的名字写在黑板上。既然你是领导，他们必须要知道你是谁，这一点很重要。但你可能会问："天呀，我为什么要把自己家里的电话号码告诉这些完全陌生的人？"你可能会遇到这样的情况，当你上课正上到一半的时候，有人打电话问你，你家里的冰箱是否能正常工作，然后告诉你可以到哪里去买冰箱。或许真有这样的人做这样的事情，但我发现，即使我事先同意他们给我打电话，他们一般情况下也不会给我打，除非是跟学校有关的事情。

这样做有两点原因：第一，这会让学生觉得你信任他们，同时我也清楚地强调了一点，只有他们觉得事情非常重要，而且只能对我说的时候才可以打我家里的电话。他们不能为了询问家庭作业的事情给我家里打电话，因为他们有关于家庭作业的互助伙伴（具体参见"策略70：家庭作业的合作伙伴"）。我还申明我每晚睡觉比较早，晚上9点之后就不要给我打电话了。第二，我之所以这么大方地公布自己家里的电话号码，是因为如果学生想给我打恶作剧的电话，他们只需要在电话簿里查找一下我的电话号码就可以了，不用像搞其他恶作剧那样麻烦。

一开始总会有少数几个学生给我打电话仅仅是想听我说"我在家"。偶尔，我会接到处于困境中的学生的电话，但我极少接到"神秘电话"，另外我还接到过几个打错了的电话，可能是学生或其他人拨错电话号码了，因为他们没有使用恰当的打电话礼节。

当然，这只是我个人的经验。大多数教师都不愿意这样做，那就不做好了。

策略 31：你收到了邮件

好吧，如果你不愿意把你的电话号码告诉学生，还有另外一种方式可以在课外与学生进行交流——通过互联网。现在大多数学校都为教师申请了工作用的 E-mail 地址，你的学生或家长可以把想问你的问题和关注的内容写成邮件发给你，而你可以用 100 个字或更少的字回复他们。

一些教师把自己私用的 E-mail 地址告诉学生，在此我要警告你，如果你进入了学生好友名单将会发生什么。如果你在线上，你会突然听到"有信息"的提示音，然后又是一个，接着一个又一个，猛然间你意识到，原来班里所有学生都想与你在线聊天。这种情况下可以考虑使用不同的网名，这样，你要做的只是不断地更换网名，而你的学生并不知情，他们不知道你正在网上冲浪设计自己的旅行计划。

策略 32：制定切实可行的班规

对于教师来说，很重要的一点是要全面考虑你对班级发展的期望和学生对你的期望。虽然你可以详细地向学生解释每一件事情，但更有效的方法是制定班规，并把它写下来，做到人手一份（同时张贴在展板上）。你也可以把班规一式两份发给学生，一份由他们放到笔记本里，一份由学生和学生家长签字后交回来，由你存档。在这一年中，当某个学生说"我不知道没有完成188项作业就会不及格"，你就可以拿出那份他签过名的班规给他看。很重要的一点是要让家长也签字同意，因为有些家长会说自己并没有被告知孩子必须完成这些作业。如果家长这样做，你就可以把他们签了名的班规拿出来，一般情况下，这样就可以平息事端了。

策略33：让学生自己制定一些班规

你可以问学生他们认为哪些规则公平。（千万不要问学生认为哪些规则不公平——如果你这样做了，你一定会后悔的！）

例如，我问学生可以制定哪些规则以使教室感觉安全、舒适，然后我们一起头脑风暴并制定出一系列的规则。这样做，就很难让他们抱怨这些规则不公平了。

当然，如果你发现他们一点都不严肃，并制定出"不要有家庭作业"这样的规则，你就要回到学生之中发挥你作为教师的权威，并向他们宣布由你决定班规的特权。

策略34：赢得教师的权威

新学年的初期正是教师树立自我权威的时期。

观察学生同伴团体是如何形成的，你又是如何在不知不觉中参与进去的。我发现有些学生认为自己打败了教师很"酷"。如果这些学生赢了,那你就会有大麻烦了。这类学生通常的行为表现就是对着教师大喊大叫或低声地叽里咕噜,或者当你和颜悦色地站在教室前面时,他们当着你的面就和同伴随意说话。你该怎么办?有时候,你只要快速地瞪这些捣蛋的学生一眼就够了。如果这样做不见效,那你就不得不采用更激烈的甚至是使学生难堪的手段。你应制止那些学生,并向那些自认为"酷"的学生解释,在课堂上绝不允许学生随意与他人说话,教师要维护课堂上每个学生受教育的权利。(对一些学生来说,这样做能对他们产生很大的威慑力。)

如果你正在组织学生讨论,学生的声音越来越大,在你意识到之前,已经没有一个学生能听见你说话了,你只能在那儿大声叫喊。我并不是说教室里始终要保持安静——其实,我基本上不希望这样——但是,当课堂需要由教师主导的时候,教师就必须拥有发言权。

良好的受教育习惯往往会激发热情的讨论,而这样的讨论声对大家而言将会是多么美妙的音乐啊!

策略35:你可以偶尔让学生放松一下

一开始就可以自由放松,这当然很有诱惑力,因为谁也不想一开学就面对那些"可恶的"班规。但,除非你在早期已经建立了这些规范,否则你就要为这样的后果买单。比如,如果你一开始就说明每天都会有家庭作业,尽管学生会抱怨,但他们还是会做好心理准备接受它;而某一天,你没有给他们布置家庭作业,你就会被他们视为圣人。但反过来做就会是一场灾难。不信你试试，如果你告诉学生在周末的时候不会布置家庭作业，但到周末的时候你又布置了作业，结果你可能会面临一场学生革命。

策略 36：和学生坐在一起

大多数时候我们都是站在教室前面讲课，这样容易让人厌烦，有时甚至让人觉得咄咄逼人。但是，唉，毕竟黑板和投影都在前面啊，并且站在前面能吸引学生的注意力。不过有的时候，特别是在阅读一个故事或进行课堂讨论的时候，我会搬一把椅子和学生坐在一起。坐下来和学生一样高，这样大家都感觉更舒服一些。我还发现，这样做还能鼓励更多的学生参与到课堂中来。

另外，坐在桌子上而不是站在那里，不仅可以完成同样的教学任务，而且能让你避免购买那些一点儿也不吸引人的所谓的"舒适的鞋子"。

策略 37：在教室门口问候学生

大多数时候学生会感觉在学校比较容易被人疏离，尤其是那些年长的学生，他们经历过一个又一个教师，他们只是一栋教学楼里几百个学生中的一员，而且很少能获得自我成就感，除非他们在某一方面特别出色。

教师应该做好上课的准备，最好能在教室里等待自己的学生。在门口的时候为什么不问候一下学生呢？直呼姓名的问候应该是最特别的做法吧？一个教 9 年级的同事在提及他的学生时，总是只说学生的姓氏，这让学生感觉自己被当作成年人看待，他们很喜欢。

策略 38：做好必要的记录

当学校有意外事件发生或某种严重违纪问题出现时，教师必须写下详细过程并存档。当然，你要确保你的陈述不带有任何价值判断，也就是只陈述事实而没有个人的假设。

有时候，教师被各种事务缠身，因此会推迟写事件报告甚至完全忘记了这件事。尽量不要这样做，因为无论如何大多数学生家长都站在自己孩子一边，反而会指责你挑剔学生，如果这个时候教师能拿出一份存档记录作为证据表明学生有过违规行为的话，那么对教师就太有利了。依据法律，你必须对事件进行记录和存档。这样的诉讼会变得越来越常见。实际上，我是在告诉你如何保护自己。

我班里曾有一个极具破坏性和伤害性的孩子。当我把他的情况告诉他母亲时，她当时表现出非常关注。但随着时间的推移，她越来越关心如何"找教师的麻烦"而不是如何帮助她的孩子。这个学生在浴室放火，而他母亲想要看的全部东西就是有关这件事的记录。她这样做不是让我描述孩子行为的严重性，而是把教师放到了对立面。然而，我发现没有一个教师对这个学生的行为进行过记录（尽管我们在午餐时间还讨论过这个问题，并努力想办法来帮助他），这使我目瞪口呆。这位母亲用言语攻击我，说我不喜欢她的孩子（后面还有关于这类家长的论述）。如果我曾经做过关于这个孩子行为的记录并存档了，那么我就可能使这个学生得到帮助。最终，这件事情以这个学生受到伤害而不是获得必要的帮助和指导而告终。

策略39：哎呀！还剩5分钟

这样的事情一定会发生。也许你做了完美的计划——为30分钟的课堂准备了40分钟的学习内容。但是，你猜怎么样？计划失败了！你使学生失去了兴趣，你想尽书上介绍的一切策略来延续你的课，但最终你还是发现时间有剩余。如果开始讲授新的内容的话，时间太少；如果一直坐着等下课铃响，时间又显得富裕了。

那做些什么呢？不管你教哪个年级，都可以玩"西蒙说"的游戏（其实Simon可以用任何一个人代替，它不过是一个按指令做动作练习动词及反应的游戏而已，比如，当听到"Simon says,'stand up'！"大家立即站起来——译者注）。这是一个让大家都开心的游戏。如果你想玩益智型游戏，那么可以玩"刽子手游戏"（一个人选择一个词，另一个人猜这个词的字母，每猜错一次就画一张被绞死者的图的一部分——译者注）。首先要确定学生喜欢玩这个游戏，然后将班级对半分成两组，进行竞赛。我组织这种游戏通常是猜句子而不是词（这是随意的，取决于离下课还有多少分钟。）另外，讲一个随时都可以继续讲的故事也是不错的选择。当下课铃响而学生表现出不情愿的表情时，你就成功了。

策略 40：以积极的状态结束开学第一天

要确保开学的第一天以积极的状态结束。也许你已经告诉学生本学期的计划，并发给学生很多书，让他们带回家阅读。但是，今天你可以仁慈一点儿，告诉学生你只布置了一个简短的作业，因为你希望他们回家好好休息以迎接精彩的明天。这样一来，开学第一天在充满希望中结束，学生们都在微笑，他们觉得你是这世界上最公正的人，并感觉永远都欠你的恩情——好吧，可能不是永远，但有那么几个小时，也总比没有强吧？

第四章　学生放学了，你得救了！

策略41：每件事情都可以重做

在学生到来之前，你就应该明白你对学生所说的和所做的并不会像刻在石头上那样永存。或许你有一些非常好的、你认为很有效的策略，但突然间你发现自己所说的和所做的并没有自己以为的那么成功。不要烦躁，明天又是新的一天，你可以把任何你认为需要重做的事情再做一遍。如果你的学生说"但是昨天你是那样说的……"你可以向他们解释，你对昨天那样说的结果不满意。当教师的一个好处就是可以对自认为需要改变的地方进行修改。好了，一天就此结束了！

策略42：你不是精神科医生

在第一天，你或许会遇到这样的学生，他应该待在其他任何一个地方，就是不应该出现在你的班级里。但是，切记，除非你经过专门的心理辅导或医学治疗训练，否则你要牢记自己的专业限度和法律限度。我们都会遇到给自己和他人制造麻烦的学生。如果他们的行为影响到你，我强烈建议你把他们转交给学校专门的心理辅导教师，这样的教师接受过专门的训练，知道如何处理这类问题。如果你通过学生日记知道了一些秘密或学生告诉你一些私密的事情，而你认为这当中有些问题需要特别的专业关注，那你就不得不泄露学生的秘密了（具体参见"策略216：写日记"）。学生可能会讨论自杀、虐待、毒品、沮丧或其他严重的事情，这些都需要专业人员的专业指导。你是教师，不是心理学家，如果不想因为你的判断失误而使一个孩子处于自我伤害的危险中，那么最好还是泄露孩子的秘密，让他接受专业指导。

策略43：不要自私地占用学生的所有时间

无论你多么优秀，你都不能忽视同伴的观点对学生的价值。我曾经对学生说，如果他们愿意，他们可以在每天放学后和我坐在一起聊天。但我发现，就在聊天后的第二天，当他们和朋友在一起时，他们根本就不理睬我。在星期一的下午3点与我亲密无间，而在星期二的上午9点又对我不理不睬，他们怎么能这么做呢？原因很简单，因为朋友更重要。但你也没有必要惊慌，他们会回到你身边，并希望你能张开双臂欢迎他们，因为你是那个能使他们感到安全和帮助他们学习的人。

策略44：你不可能取悦所有人

如果你属于那种敏感类型的人，那么当你努力工作而你的学生却不喜欢你或你的课时，你会感到非常失望。作为教师，很重要的一点就是不要把所有事情都归因到个人头上，因为很多时候都不是个人原因造成的。有些学生可能会认为你的教学方式非常棒，有启发性，而有些学生则认为你的教学方式只会让他们昏昏欲睡（具体参见"策略99：我很无趣吗？"）。好吧，如果真的发生了这样的事情，除非是大多数学生都感觉昏昏欲睡，否则我不会为此而烦恼。如果你的课上绝大多数学生都能保持清醒、认真学习，甚至在你开玩笑的时候能哄堂大笑，那你就坚持这种能取悦大多数人的教学策略吧，毕竟你不可能取悦所有人。

策略45：回家放松一下

有一次，我女儿和我一起为师范生做了一次讲座。那时候，她已经是有6个月教学经验的教师了（事实上，那时她已被所在的高中提名为年度优秀教师——好吧，我是有点骄傲了，但我毕竟是母亲！）。她给新教师的建议就是在完成第一周的工作后回到家里好好放松一下。她建议他们泡个澡、不带任何充电目的地读一本书或者仅仅是跟朋友一起去看电影，总之，暂时忘掉工作。从听众们展露的笑脸上我知道她完全理解教师们的现状。我想，即使对于经验丰富的资深教师而言，这也是非常好的建议。

第三部分

帮助学生学会负责

在生活中绝对需要秩序来规范学生,我们所能做的就是通过给他们设定一些规范和限制来帮助他们。这些限制能使学生有安全感。当我们设定限制时,就是在告诉学生不要冒险涉足过深的水域。学生通常看起来都没有责任意识,因此我们必须循序渐进地告诉他们每个行为都会带来相应的结果,必须对结果负责。下面几章的内容能帮助学生建立起责任意识。

第五章 建立日常规范

策略46：养成良好习惯

在这里我要强调日常规范的必要性，无论对教师还是对学生而言都是如此。学校里的孩子需要养成良好的习惯，这样当知道老师期望他们做什么的时候，他们就能出色地完成。在我班里，当学生进入教室时，他们就必须坐在给他们安排好的座位上，其他教师或许会允许学生进入教室的时候在教室里溜达几圈，但无论怎样做都必须让学生知道他们应该做什么。无论是家庭作业、教室杂务或其他结构性强的课，都可以比较容易地建立起"常规"。你会发现常规的建立可以为你节约很多时间，这样你就可以把更多的时间用于富有创造性的教学，而不是浪费在不必要的解释工作上。

策略47：用统一标准的笔记本

我要求年龄比较大的学生都买大的3孔活页笔记本。我不断地与那些买错笔记本的学生较真，他们总是买那种小的只有两孔的活页笔记本。

其实，这些学生都买得起大的3孔活页笔记本，但他们就是不买，迫使我变得像《绿野仙踪》里的邪恶女巫一样讨厌。

事实是小的纸张导致评定等级的时候非常麻烦，因为它们容易掉到书桌下面的某个角落，在需要的时候总是找不到。另外，教师发给学生的纸都是大笔记本大小的纸，而学生无法把这些纸放进小的笔记本里。他们只能把这些纸整齐地折叠起来……然后就再也找不到了。

策略48：课前练习或"热身"

教师用"课前练习"这个策略已经有好几个世纪了，它是指学生一进入课堂，教师就给学生准备一个简短的练习。这样做可以使学生从进入课堂的那一刻起就奠定好学习的基调。这样的练习应该相对比较简单，而且花费的时间不能超过几分钟（对于年长的学生，我们可以把这样的练习称为"热身"）。

举一个开展"课前练习"的例子。在黑板上写一句引言，比如引自贺曼贺卡里的句子或具有启发意义的句子，如"唯一一次低头看人的时候就是在你帮助他（她）站起来的时候"。要求学生把这句话抄下来，并写出这句话的意思以及与自己的关联。（他们不需要每次都用新的一页纸抄写黑板上的句子，但每次先要注明日期，然后接着前一次的抄写继续往下写。）当学生完成这些练习后，花几分钟时间让全班同学交流一下他们的思考。在课前练习的5分钟内，班级秩序整顿好了，笔记本打开了，甚至钢笔都准备好要书写了，哈哈，这不是很高明吗？

策略 49：把教学目标写在黑板上

把每堂课的教学目标写在黑板上，这样有利于你关注本节课打算教什么。我们都希望学生进教室后就立即在座位上坐好，这样我们就可以开始教学活动了。当学生进入教室时，他们习惯先看黑板，寻找"课前练习"，然后再看本节课的教学目标，接着他们把这些抄在笔记本上。让学生知道这一天的学习任务，这也是我的班级的日常规范。学生还会在黑板的固定位置寻找每天的家庭作业。如果我忘记在黑板上写出"教学目标"，我允许学生义正词严地指责我。

策略 50：课堂总结

用课堂总结的方式结束一节课不失为一个好的教学策略。你可以问学生，通过前面的学习，他们最喜欢什么、他们学到了什么、他们不喜欢什么或其他任何与本课内容相关的问题。这并不意味着对本节课所学内容进行一个非正式的小测验，而是总结性的讨论。

通常情况下我会告诉学生我对整节课教学过程的感觉，有时候我还得委婉地告诉他们老师觉得这节课就像是一个令人厌烦的集市，太吵闹了。如果某节课学生明显反应迟钝或者注意力不集中，我就会在课堂总结的时候告诉他们今天大家的参与度不够，我觉得他们太让人厌烦了。（但这时候你必须面带微笑地说，这样他们就知道你是在以一种温和的方式取笑他们。)

策略 51：适时分发任务表

你花了几个小时时间制作学生任务表，但是这当中有些内容需要在学生开始做之前给他们解释一下。于是，你立刻把任务表发给学生，但你又告诉学生不要马上看，要等教师完成教学内容后再看。嗯，这就像给孩子一个精美的生日礼物，却又告诉他几天后才能打开来看，这不可能！不要有这样的期望。

如果学生需要任务表来明确自己的任务，你得确保学生养成良好的习惯，即所有学生都能做到在同一时间看到同样的内容。有的学生可能会说他们没有听到你解释这一规则，不过你我都很明白这是为什么，因为他们提前在看任务表的内容了！

策略 52：你是在教学，而不是在播放影像资料

现在有很多精彩的影像教学材料，有时候用这些影像资料来教学非常具有诱惑力，但你不是靠这样工作来拿工资的。通常，教师宁愿坐在教室后面让学生听电脑播放读书的光盘，也不愿意自己给学生范读。我并不是说这些影像资料不合适，其实，在读书后通过播放动画还原书上的内容，这样做很有意思，也便于学生理解和认识。但是，过于频繁地使用影像资料会产生一个越来越棘手的问题——太多的学生越来越依赖

这小小的屏幕，有时我担心他们会逐渐失去抽象概括的能力。当然，我并不是说影像资料不适用于课堂，我只是提醒大家注意要控制使用的次数。我曾经见过这样的情形，当使用影像资料变成固定教学模式后，家长和学校管理者都在抱怨，而教师也被冠以"懒鬼"的臭名。

策略 53：谁宣布下课？

学校的课是一节一节分开上的，一般下课铃响就表示一节课结束了。因此，我在下课铃响的时候让学生练习自我控制，他们必须等到我宣布下课的时候才能下课。如果我正在讲解内容的时候下课铃响了，学生们一哄而散，只留下我面对空空如也的教室，我会发疯。应该让学生知道"是教师宣布下课，而不是铃声"。

虽然需要花费较长时间的训练才能让学生在听到铃声后避免本能地跳起来冲出教室，但这是我要求他们必须遵守的规则，其实这样做也是训练学生自我控制的一个好方法。当然，你必须保证留下充足的时间让学生做好下节课的准备。

第六章 让学生做好充分准备

策略54：你不是学具供应商

有些学生上学不带钢笔或铅笔，而有些学生上课总是缺少笔记本的活页纸，他们的尺子或其他学习用具总是找不到。面对这种情况，最简单的处理方法就是发给他们钢笔、活页纸等需要的学习用具。千万不要这样做！这不是你的工作。许多教师会说只是给他们铅笔而已，但在我看来，这样做只会培养他们不负责任的态度。虽然，他们会因为没有带笔或其他必需的学习用具而无法完成作业，但没关系，这就是他们不做好学习准备的后果。

在你认为我太过严厉和苛刻之前，我必须再强调一遍，你在采取相应的措施之前必须了解清楚学生的情况。如果学生的钢笔没水了或学生没有活页纸是因为刚才用得太多了，这些都属于意外的情况。但即使是这些意外情况，也应该对学生有个小小的惩罚，对此，我将在下一条策略中给出建议。

策略55：替我做一件事当作回报

如果你想借给学生钢笔或铅笔，可以告诉学生你会借给她笔，但她必须做一件你喜欢的事情作为回报，比如调整课桌、擦黑板或整理书籍等。这对你来说一点都不难，你只需要先把他们的名字记一下，然后找出一些适合他们做的事情让他们去做。如果他们不喜欢做这样的事情，那么他们会重新考虑在没有做好准备之前是否能来上学。

策略56：感谢折扣商店

我在前面曾经建议学生购买统一标准的3孔活页笔记本，这样能方便学生整理和保存他们的笔记。如果你任教的地区比较贫困，那么你可以去批发店、购物中心或折扣店帮学生购买这种3孔活页本。如果你能出示教师证，许多商店还会给你额外的折扣。你可以要求学生每人交1美元，然后发给他们一人一份活页，让他们自己拼装成一个笔记本。如果学生年纪比较小，你可以给他们买颜色各异的活页，然后让他们用书签进行装饰，使每本活页笔记本都变得独一无二。可以额外多买几本活页本，因为总会有一两本活页本就像"被狗啃过"一样有残缺。

策略 57：请给我抵押品

在我借给学生钢笔、铅笔、尺子或其他学习用具的时候，我会要求学生给我抵押品，结果我手上就有了耳环、一角硬币、公交卡、钱包和帽子之类的东西。下课之后，他们把借走的学习用具还给我，而我则把抵押品还给他们。

请千万不要收钥匙这类的抵押品。曾经有个女孩忘记把借走的钢笔还给我，我也忘记还给她钥匙，结果她回家就无法进门了。一些教师会要求学生拿一只鞋子当抵押品，但我不建议这样做，因为学生会感觉很丢人。像这样拿一些小物品象征性地当抵押品，能使学生认识到他们不能无条件地得到东西，甚至不应该有这样的期望。

如果你的学校为每个学生配备了身份识别卡，那就是最好的抵押品，因为学生随时需要这种卡，因此时刻都会意识到这个卡被当作抵押品了，这能提醒学生再上你的课时一定要记得带铅笔。

我必须承认，在我的教学生涯中，我还真收集到了两顶尼克斯队的帽子、1.3 美元和两只耳环，这些都是学生遗忘在我这里的。哈哈，如果这样的话，谁能说教师薪酬过低啊？

策略 58：防止铅笔丢失

当我第一次听说这种做法的时候，我眼前浮现出的情景让我忍俊不禁，因此我把这件事告诉你，我们一起分享吧。一位女教师告诉我们她丈夫是个木匠，他每次都用一个带钩的绳子系上铅笔，然后把钩子嵌入一块砖头里。这位女教师有三块这样的砖头整齐地摆放在讲桌上，如果一个学生需要铅笔，那他就必须连砖头一起搬走。一想到这样的情景你能不发笑吗？然后，有人发邮件告诉我说他不应该用砖头，并以骄傲的口吻告诉我他应该用轮毂罩（机动车轮毂上的圆盖——译者注）。其实，我们没有必要做得那么极端，但是把铅笔与一个比较大的东西连在一起也许是一个保证铅笔能送还回来的好方式。

策略59：准备有特色的铅笔

我有一支铅笔，它非常大，并且在顶端有一团看起来很滑稽的橙色毛毛，上面还有一些装饰性的假花。没有一个学生有这样的铅笔，而且大多数学生都不愿意用这样的铅笔，尤其是那些年龄偏大的学生（男孩子更是不愿意用任何带有装饰的铅笔）。如果一个学生从你那儿借走这样的铅笔，那么这支笔就很好辨别，并且保证很快就会还给你。许多教师都会买各种各样有特色的铅笔，因此要辨认这些铅笔属于谁一点都不成问题。

还有一种方式能使学生不再愿意向你借铅笔，那就是借给他们一支"高尔夫铅笔"。学生非常憎恨这种铅笔！这种铅笔不仅小，而且一旦写上就很不容易被擦掉，总之非常难用。不用我告诉你，你就可以想象有多少学生抱怨这种铅笔，他们对我给他们提供这种根本"无法使用"的铅笔十分气愤。而我必须善意地提醒他们，这一切都是他们自己的责任，因为是他们没有带适合书写的铅笔来学校，如果他们不喜欢这样的铅笔，就带自己的铅笔来学校。总之，不能让学生舒舒服服地用借来的铅笔。

策略60：把削笔器盖起来

学生要求在课堂上削铅笔是一件特别容易让教师发疯的事情。一位教师告诉我，她会在特定的时间段内用布把削笔器盖起来。在课间，她把削笔器拿出来给学生用，然后就用布把它盖起来，这就是在提醒学生削笔器不能用了，她还在盖布上写上"削笔器睡觉了"。对于大一点的学生来说，只要把布盖在削笔器上就意味着不能使用了。

策略61：铅笔＝捐款

你或许很幸运地在一所会发给教师铅笔的学校工作。一个好主意就是把这些铅笔卖给那些没有带铅笔的学生。当然，你要告诉学生，卖笔的钱在学年末的时候将会捐献给慈善团体。这样做还有一个好处，就是可以引发一场关于慈善团体的讨论，这可以成为一节课的内容。你可以把学生分成几个小组，让他们去收集某个特定的慈善团体的资料，然后在课堂上呈现出来，再投票进行评价。这也是孩子们与他们的父母一起讨论慈善团体的绝好机会，要注意的一点是要确保这样做符合学校的政策。

策略 62：交换铅笔

很多时候会出现这样的情况，学生的铅笔尖断了，而削笔器又正好处于禁止使用的状态。这时候教师能做的就是准备好一笔筒削好的铅笔，所有铅笔尖断了的学生必须把他们断了尖的铅笔放入笔筒，然后从中换走一支削好的铅笔。这种方式不仅可避免削铅笔的噪音扰乱课堂，而且节省时间，也不会节外生枝。这种方法与前面提到的"替我做一件事当作回报"的策略结合起来才完美。你借铅笔给那些没有准备好铅笔的学生，他们给你的回报就是替你削铅笔，并且把这些削得非常尖的铅笔放回到笔筒中，以便那些做了准备的同学用。

策略 63：准备好便条纸

不知你是否注意到了，在课堂中，乱写乱画好像是一种自然而然的消遣方式。我曾经看到过许多孩子很快就用完了他们的活页纸，因为他们在所有空白的活页纸上乱写乱画。学生浪费活页纸通常都是因为他们不喜欢在纸上写字，于是他们就浪费这些纸。解决这个问题的一个好主意就是准备一个便条纸箱。当学生走到你面前向你抱怨没有纸可写时，你可以告诉学生去便条箱里看看，那里面的纸有一面还空着没写。学生不喜欢这样的纸，因为他们喜欢完全没用过的纸。这样做可以给学生一个教训，教育他们不要浪费纸，并且要确保带足够的纸来学校。

第七章　布置家庭作业

策略64：家庭作业的重要性

其实学生明白家庭作业是一种表示教师关心他们的信号。不布置家庭作业很容易，但我们必须给学生布置一些具有挑战性的任务。同样重要的还有教师对待学生交上来的家庭作业的方式：是否批改了家庭作业？是否打分了？有没有进行讨论？有没有在随后的课程中加以利用？

家庭作业还是教师与家长之间进行联系的工具。家庭作业代表了教师这一方，你必须确保家庭作业不是徒劳无功的任务，也要确保家庭作业不会太难，以免家长成为完成家庭作业的主要角色（具体参见"策略276：家长与家庭作业"）。

策略65：把家庭作业写在黑板的固定位置

从开学的第一天起每天都布置简短的家庭作业，是一个很好的主意。学生会抱怨，但不要因此就推迟布置家庭作业，学生会逐渐适应并期望有家庭作业。我总是把家庭作业写在黑板的固定位置上。当学生进入教室时，他们会自觉地看看黑板的左上角。这样就形成了一项简单的常规，并且家庭作业逐渐变成了他们期待的事情——一件应该做的事！

策略 66：将家庭作业编号

我总是把家庭作业写在黑板的左上角，并写上日期和家庭作业的编号。我让一名学生把它抄一遍，写明日期、作业要求和作业编号，然后张贴在公示栏里。如果有学生错过了某次家庭作业，那么她可以到公示栏里寻找，按照作业日期和编号就能找到。

通常情况下，教师必须给缺课的学生一对一地讲解课程内容，这样，缺课的学生才能完成家庭作业。举个例子，如果家庭作业是要求写俳句（一种日本抒情诗，由三句分别有五个、七个、五个音节的不押韵诗行构成，通常吟诵自然或四季风光——译者注），而学生却没有学这样的内容，如果教师又不给他解释的话，那么这次作业对学生而言几乎没有任何意义。

策略 67：收家庭作业

收家庭作业是一项耗费时间的工作，而教师总是想节约每一分钟时间用于教学。为了节约时间，我在公告栏里钉了一些大信封，信封上面写明了课程或具体学科的名称，然后要求学生将自己的作业投到相应的大信封里，一天的学习结束时，我就把大信封里的作业都收走。比较理想的方式是，当学生在做练习时，你在讲桌边收作业，这样你就能记下那些没有交作业的学生。如果你觉得记下没交作业学生的姓名是一件耗费时间的事情，那么我接下来介绍的这条策略会比较理想。

策略68：上交一份空白作业纸

当你收家庭作业的时候，与其让那些没写作业的学生站起来，你再把他们的名字写在记分册上，还不如直接要求学生检查是否写了家庭作业。你对全班同学解释，你希望每个学生都能接受检查并通过，如果某个学生没做，那么他就要交一张写有他姓名的空白作业纸，上面要求有学生的签字和日期。如果你愿意，你还可以允许学生在上面写上没写家庭作业的原因。这样做有两个目的：一是很快就能查出谁没有做家庭作业，二是这样你手里就握有学生没有写家庭作业的证据了，这是最主要的目的。因此，当家长坚持自己的孩子写了家庭作业或说孩子告诉他们教师没有布置家庭作业时，你就可以拿出这张写有姓名、日期和签字的作业纸作为证据。

策略69：在家庭作业承诺书上签字

总会有这样的事情发生：某个学生没有交家庭作业，却有上万个理由解释他们为什么没有做家庭作业。这时候，你应该非常明确地说明你的原则，只要学生进入教室时两只手臂完好无缺，那么你就不接受任何不做作业的理由。我有一个非常好的策略，能使学生更认真地完成他们的家庭作业：

一天，我女儿来看望我，同时她还带着一包需要评分的家庭作业。在这些作业中，我注意到有几份用荧光笔写字的作业纸，我问她为何有这样的作业。她解释说那些没有交作业的学生就必须交一份这样的作业纸，在纸上写："我（学生的姓名）自愿选择不写这次家庭作业，并且我知道这样做的后果。"学生必须当面阅读这句话，并且签上自己的姓名和日期。现在你明白你的学生确实缺乏责任心，荧光笔鲜亮的颜色就表明了一切。这也可以成为一份证据，如果你认为有必要向家长表明为什么他的孩子在班里学习欠佳，你就可以出示这份证据。

策略70：家庭作业的合作伙伴

在"策略30：在黑板上写出你的名字或电话号码"中，我建议大家把自己的电话号码告诉学生。如果你有足够的勇气这样做的话，我还建议你向学生强调，不要因为家庭作业的事情给你打电话，因为那已经不是你的工作了。白天你已经工作了一整天，晚上是属于你的私人时间，除非他们有非常紧急的事情需要告诉你，否则就不可以给你打电话。

为了减少学生忘记家庭作业的情况发生，我要求学生记录下他座位旁边两位同学的电话号码和邮箱地址（确保这些同学不是他们最好的朋友，因为好朋友的电话他们早就有了）。如果布置作业的时候某个学生不在，那么他至少可以给两个同学打电话询问家庭作业，这样他就没有借口不写家庭作业了。或者，你把家庭作业发在网上，这样学生可以在网上查找到。

策略 71：鼓励学生写家庭作业

这种方法对学生来说非常有趣，而且也可以极大地提高学生写家庭作业的动力。我把"家庭作业"这四个大字写在黑板上，每次当全班所有学生都写完家庭作业时，我就擦掉一个字。当所有的字都擦完时，我就请学生吃披萨。你可能会说不会每次所有的学生都能完成他们的家庭作业，教师也没有那么多钱总是请学生吃披萨。对那些经常写完家庭作业的学生，教师可以通过在某天或某个时间不给他们布置家庭作业的方式来回报他们，至于你自己，我确信你在思考回报的时候不会只在意钱包里钱的多少吧。

策略 72：家庭作业豁免权

在刚开始的第一学年，你可能要建立一套"家庭作业豁免权"（也就一两次而已，不能太多了）的规则。对那些没有交作业的学生来说，这个规则就是无论因为什么原因，都原谅他们没写作业，放他们通过了。有时候，某个学生偶尔不写家庭作业，你可以不追究他，在一年中你可以这样做一次或两次，这使你看起来既公正又通情达理。当然，这种作业豁免权对于那些经常不写作业的学生来说一点也不起作用，但它对那些自觉性很强的学生来说非常管用。你还可以向学生解释说，如果一学期他们都不用这个豁免权，那么到学期末就可以用这个豁免权来交换奖品或某种荣誉。你将会惊讶地发现，有很多学生都不会用这个作业豁免权。

当然，你还要向学生解释这个豁免权不是每次家庭作业都适用，有些家庭作业是必须上交的，这样的家庭作业就不能使用豁免权。一旦有这样的作业，你可以在多媒体的电脑屏幕上打出"这项作业任何人不得使用豁免权"这样的句子来提醒学生。对一些特殊的家庭作业你也可以采用这样的策略，只是你必须保证事先提醒了学生这项家庭作业不得使用豁免权。

策略 73：不做家庭作业的处罚

家庭作业对学生来说也是一种责任，这个道理显而易见。在大多数情况下，学生有机会选择做或者不做。如果学生选择不做某项家庭作业，那么他就会得到一个"a – 2"的成绩。在学期结束统计成绩（具体参见"策略92：评分协议"）的时候，我会把所有扣掉的分数加起来，然后从学生的平均成绩中减去这个分数。这样，偶尔会出现这种情况，一个学生虽然通过了期末考试，但他还是不能通过我这门课。

在认为我"无情无义"之前，你先看我的解释：其实，我允许学生在一个较短的时间内——比如说两天——把所有落下的作业都补上。如果他们都补上，我会给他们补回1.5分，他们每次只是被扣掉0.5分，这样，即便把所有被扣的分数加起来也不会导致他们不过关，但它教育了学生，告诉他们有什么样的行为就会有什么样的后果。

策略 74：家庭作业的帮扶者就是你

在我的教学生涯中，我在那些有特殊需要的学生身上花费了大量时间。大多数情况下，对这些学生没有必要进行特殊教育，他们只是缺乏自信或家长的辅导。家长们常常感觉备受打击，因为他们不知道如何帮助孩子完成家庭作业。有时候，孩子们只是做事杂乱无章，不知道从哪里开始又该从哪里结束而已。

如果大量的学生在做家庭作业的时候都需要帮助的话，我建议你在结束一天的课程或一节课之前，给学生留5分钟的时间，让他们开始做家庭作业。那些做事杂乱无章的孩子这时会完全陷入困境中，因为他们不知道该如何开始做他们的家庭作业。那么，在这5分钟内你就可以帮助这些学生开始他们的家庭作业，这点时间的付出非常有价值。并不是所有的学生都需要帮助，对于这些学生来说，这点时间是一种奖励，因为他们可以在学校开始写自己的家庭作业，这样在家他们就有更多的时间玩电脑游戏了。

第八章　建立去洗手间的规则

策略 75：用签名记录的方式培养去洗手间的习惯

我很讨厌为别人的身体健康负责——这样给我的权力也太大了吧！但当学生在我身边走来走去申请去洗手间时，如果我直接跟他们说"不许离开教室"，我又会觉得有罪恶感。因此，我要求学生培养自己去洗手间的习惯。

我制作了一张表，学生离开教室时要在表上签上自己的姓名和离开的时间。我向学生保证，我相信他们不会因为讨厌我而离开教室。但是，我还是会检查这张表格，只要看一眼我就知道哪些学生在滥用这项权力。然后我会和这些学生私下交流，指出他们离开教室的次数太过频繁了，他们辜负了我对他们的信任；我还会询问他们这样做是因为自己不能对自己的行为负责，还是因为身体健康有问题，如果有问题我要通知家长。结果，这些学生离开教室的次数逐渐减少了，因为他们知道教师会检查这张表格。

策略 76："你能等一分钟吗？"

这个策略非常简单，但很有效。这种非常有效而我又不能解释其确切原因的策略有很多，这是其中之一。当一个学生走进教室时，他突然意识到自己还要去洗手间……就在这时，我只需要问他"你能等一分钟吗？"大多数时候他都会感觉到这句话的驱使力，而且他不会再问你一次（或许是因为他首先没有必要去洗手间）。当然，如果他坚持向外走，那就不要再浪费时间了，让他去吧。

策略 77：显而易见的允许

有这样的教师，无论何时，只要学生要求去洗手间，教师都会允许他们去。如果你不愿意被学生要求去洗手间的事情所打扰，那么你可以在墙上挂两个杯子或贴两个公告板。一个杯子上写"男孩"，另一个杯子上写"女孩"（也可以写男性或女性，这根据学生的年龄而定）。每个杯子里你都可以放一个压舌器（或别的什么东西），以此允许学生去洗手间。如果学生看见杯子里有一个压舌器，他们就知道自己可以离开教室去洗手间。用这种方式，你就永远不会看见有两个及以上的学生同时离开教室，而且能否去洗手间，一看杯子就知道了。但是，请千万不要把杯子涂成蓝色和粉色！

策略 78：密码

当你正在进行精彩的教学，而所有的学生都精神饱满、全神贯注地听你讲解，这时你提出一个问题，学生们高高举起的手直晃得你眼晕，你高兴地请一个学生回答问题，可你听到的却是"我可以去洗手间吗？"，你的大脑一定"轰"的一声响，还有什么事能像这种情况一样让人沮丧呢？

你应该从开学第一天起就告诉学生一个"密码"——一个特别的动作，这个密码表明他们举手是为了请求去洗手间。你可以教给学生，如果他们想去洗手间，他们可以交叉手指表示，这样你就不会让不知道答案的学生回答问题了。通过这种方式你一眼就可以看见谁想离开课堂去洗手间，你也可以通过眼神或点头的方式立即给他同意或不同意的答复。

策略 79：洗手间通行证

还有一种比较好的方式可以限制学生离开教室的次数，那就是在开学初的时候发给每个学生 4 张厕所通行证。当学生觉得自己必须离开教室时，可以使用一张通行证，这样也可以避免打断课堂。你可以在开学初的时候印制这样的通行证，而学生可以自由地使用它们，只需在每次使用的时候在通行证上签名并注明日期，然后把通行证放在表明用途的箱子里。

大多数学生都会较好地保管这些通行证，因为他们认为可能以后在某个时刻会需要用到这些通行证，这样，在学期结束的时候，学生手里通常还有2～3张通行证。你可以提醒学生在学期结束的时候用这些通行证来兑换一些特别的奖品。

策略80：把洗手间当作休息室

第一次听说这样的策略时，我非常吃惊，并对此嗤之以鼻。女洗手间确实让人生厌，因为女孩们在墙上乱写乱画、到处扔垃圾，还用口红在镜子上做记号。洗手间管理员竭力反对这样做，并且有很好的反对理由。而一个新教师则建议可以让女孩们在洗手间化妆，她向我保证这样做一定会有改观。我们叫上管理员开了一个座谈会，共同讨论如何把洗手间变成休息室，并且还要体现出对使用者的尊重。总之，他们给洗手间的墙壁涂上了漂亮的漆，还找来艺术系的学生在老师的帮助下画了壁画。结果，我不得不向这位老师谦恭地承认自己所持的怀疑态度是错的，洗手间再也没有乱扔的垃圾了。我做了一些丝绸假花放到洗手间，整整一年过去了，它们还完好地放在那里。

策略81：一个月里特殊的几天

女性读者和男性读者在读到这条策略时可能会有不同的反应。如果一个女生问老师她是否可以去换个卫生巾，谁会说不可以呢？

但其实拒绝也很容易——如果你发现她一个月30天里有29天都在告诉不同的老师她来月经了，你就可以拒绝她了。

当然，男生有时候也会抱怨说"我没办法学习了，因为我正处于一个月里特殊的几天"，而女孩子听到这样的话鼻子都要气歪了。但男生认为自己不能轻易服输，应该有一点质疑探索的精神。因为男性是没有月经的，因此他们最终肯定是失败的。有时候，女生确实会痛经，如果疼痛的症状比较明显，你应该把她带到校医那里，因为她很有可能遇到比较严重的问题了。（男性教师可以请女性同事来帮忙处理这种情况。）

但是，我们不能把月经当成生理缺陷。如果这样做的话，那么女性在现实世界中就不会有完美的发展前景了，因为在每个月的那几天里她们都是有"缺陷"的。由于我也是一名女性，因此我可以很自由地与我的女学生谈论有关月经的话题。我也遇到过这样的学生，由于来月经而向我请假回家，而我会小声地告诉她们我也会来月经，但我会坚持下来，我相信她们也能坚持下来。月经是生活中很自然的一部分，因此也应该顺其自然地对待它。有许多止痛药都可以用来减轻痛经的疼痛，但我还是要强调一点，如果学生的疼痛非常明显，必须让学生的家长知道，并且要把学生带到校医那里让校医来诊断。

第九章　放权给学生

策略 82：我们自己做选择

学生必须知道他们自己有选择权——我们所有人都有自己做选择的权利，只是有些选择比较容易，有些选择则比较困难。我一直都坚信每一种行为都会导致相应的结果，而我们的行为方式决定了我们将如何生活。

我还记得我教过一个非常"厉害"的学生，他威胁其他学生把家庭作业给他抄，而他则声称他之所以这样做是因为他身无分文，放学后不得不去打工，因此他没有时间写家庭作业。我向他指出，有很多同学放学后都要去打工，但他们没有选择这种欺骗的做法。这是他自己的选择，他选择去胁迫别人，而自己还要伪装成受害者。

我同情他的处境，但我不能认可他的行为。很多时候，教师都感觉让事情这样发展下去很对不起学生。我觉得这样做很不公平，我们必须对这样的孩子更强硬一些，同时也要更关注一些。

策略83：选择"暂时放弃"的权利

你是不是也是这样的人——很害怕在全班同学面前大声地朗读？我就是这样的人。遇到需要在全班同学面前朗读的时候，我会先数一数我前面有几个人，然后努力找到我要读的那一段，接着我就在脑子里一遍又一遍地练习。但真的轮到我朗读时，我想我还是会很紧张，因为我害怕自己读错，害怕别的同学笑话我。

为了减轻学生的这种焦虑，你可以给他们选择"暂时放弃"的权利。一旦感觉课堂是舒适安全的，这些选择"放弃"的学生会积极地参与到课堂讨论中来。

如果发现某个学生始终都没有参与进来，那么就必须调整这个规则。我会鼓励这个学生参与到没有错误答案的讨论中来。这样的讨论非常简单，如"你最喜欢哪个假期"这样的问题。如果她继续选择"放弃"，我就会说："来吧，和我们一起分享你的假期吧。"然后我会问一些她在假期做过的事情等。总之，让学生谈论一些她们熟悉的事情，这种方式比较没有威胁性，能促使学生参与到口头交流中来。

策略84：圣地

这个策略很有效，我收到大量老师的短信都是感谢我告诉他们这个策略。我向学生解释说我的课堂是圣地，首先他们必须定义这个词的意思（一个安全的地方）。然后，我们一起头脑风暴寻找一个问题的答案，这个问题就是"怎么才能使课堂变得更安全？"。讨论的结果列在公告板上，而且都值得肯定。如果有一个学生伤害了别的同学的感情，我就会立即停下来问："我们的课堂叫什么？"学生就会回答："圣地。"我会一直重复这样做，直到学生记住并互相提醒："嘿，安静，这里是圣地。"以前我从未想过这条策略有如此好的效果，但或许因为学生确实在意课堂上的安全感，所以实施起来效果非常好。开始，这可能只是一个玩笑，但慢慢地就变成了产生课堂舒适感的源泉。过去从不大声朗读的学生现在也愿意在全班面前朗读了，因为他们知道即使自己出错了也没有人会笑话他们。为了更有效地实施这条策略，你还必须配合使用下面将要介绍的这条策略——"暗地里的支持"，这条策略适合所有年级的学生。

策略 85：暗地里的支持

为了使你的课堂变为"圣地"，你必须教给学生一些技能，使他们在避免冲突的情况下可以应对别人的欺负。正如我前面提到的我有好几门课程，特别是"偏见意识"和"性教育"课程都要求有一个非常"安全"的课堂环境，这是由课程内容的特点决定的。如果学生总是担心受到同学的嘲笑，那么他们又怎么会感觉到足够的"安全"，从而与大家分享他们的经历和感受呢？

我在黑板上写下"暗地里的支持"几个大字，然后向学生解释了其意义，即不出声的支持，并举例说明，例如暗笑、指点和眨眼等方式。

例如，如果在课堂上有个同学欺负其他同学，我们都知道这时通常没有人愿意站起来阻止欺负同学的这个人，但我们又希望有个同学能站起来这样做。那么我们能做的就是不要发笑、不要把脸转向这个同学，总之要使欺负同学的这个人能自我觉醒或至少感觉很不舒服。大家都知道，如果我们讲了一个超级搞笑的笑话，可别人连个微笑都没有，那么我们会是什么样的感觉，此时我们只能皱皱眉头无趣地离开。如果这个欺负弱小的同学的行为没有得到别人的关注，那么他也会有这样的感觉。

在开始的时候，你——作为教师——必须指出哪些学生有不好的行为，而同学们还在暗地里支持他的这种行为，并指出同学们都有哪些暗地里支持的方式。最后，就会有某个同学说"让我们停止这些暗地里的支持，不要让这些同学再去欺负其他同学了"。我采用这一策略已经好多年了，我看到一个又一个班级的同学掌握了这一策略，他们变得更有能力了。

我曾经遇到这样一个学生，她因为在另一个学校打老师而被赶到了我的班上。她慢悠悠地晃进教室，当我告诉她需要准备一个笔记本时，她说："老师，如果我觉得需要的话我会买的。"说完后，她环顾四周等着大家哄堂大笑，因为她毕竟挑战了老师。结果，她发现同学们只是盯着她，于是她赶紧逃出了教室。当我去追她的时候，我听到同学们说："真的起作用了，我们没有给她暗地里的支持。"我都已经忘了这种策略了，但学生们没有，突然间他们发现自己的行为有多么重要。事实上，他们确实很有能力。

策略 86：团结就是力量

我曾经遇到一个偷同学书包的学生，而且我敢肯定除了我之外其他人都知道是谁干的。于是，我天真地要求学生们告诉我这个人是谁。

我把几个可怜的学生叫起来，让他们揭发这起学校里最严重的事件。这时下课铃响了，我意识到我不可能问出什么来，因此我对他们说："我不期望你们中有人会告诉我真相，因为你们不想被别人看成'叛徒'。我理解这一点，但是我知道你们所有人都希望这种行为能得到制止。如果你们中有10个人告诉我真相，那么这10个人团结起来就会很有力量，不必担心被报复，因为这个小偷不可能去威胁每一个人。所以，如果你们知道是谁偷的书包，那么就把他的名字写在纸条上，然后投到我的邮箱里，我保证绝不让别人知道是你们告诉了我真相。不过，如果我收到的纸条少于10张，那么我就不再管这件事情了。我希望你们能团结起来保护自己和他人。"

第二天，我从这些团结起来的学生那里得到了20多张小纸条。有了这些信息，我就可以直接处理那个偷书包并且威胁同学的学生，勒令其休学。从此以后，班里再也没有发生过书包被偷事件，学生们也懂得了"团结就是力量"。

注意：不能要求学生当着全班同学的面揭发他人，因为如果有学生害怕的人在场，他们会犹豫不决。

策略 87：撒个小谎，说"很多同学都告诉我了"

这好像是教育领域的证人保护策略。我们都知道学生会因为害怕报复、嘲笑或其他类似的行为而不敢揭发。有时，会有一个非常勇敢的学生告诉你是谁欺负了幼儿园里的所有同学并抢了他们的牛奶钱，但与此同时她也要求你发誓绝不告诉别人究竟是谁揭发的。

那么，当你面对那个欺负别人的学生时，你既没有证据也无法提供消息的来源，你该怎么办呢？我会告诉这个欺负别人的学生，已经有好几个同学告诉我他们看见了什么，由于有这些"目击证人"的存在，这个欺负人的学生很快就被制服并承认错误。确切地说，这其实不算是谎话，只是有一点点夸张而已。

策略 88：不要找家长

为什么不能打电话找家长？你或许会想："这位女士告诉我们不要做的事情，不正是别人教我们要做的事情吗？"让我在此澄清一下。

除非有幸运之星的眷顾，否则我们一定会在某个时候、某个班级里遇到一个"噩梦般"的学生，而且我们必须和这个学生相处整整一个学年。而我们能做的唯一一件事情就是从学期初开始就疏远这个学生，不管你是否相信，总会有一些学生会让我们感觉就如生活在地狱一般。

许多教师都认为一旦学生犯错误就应该立刻联系家长，通报整件事情。如果这些家长是愿意配合的,你这样做当然是个好主意;但如果学生家长的反应只会让事情变得更糟,或者有些家长的反应不起作用,那么你又该如何对待这些学生呢?有时候,和犯错误的学生"达成协议"不失为一个好主意。在和学生一对一地沟通(具体参见"策略181:一对一")后,我会告诉学生我现在的正确做法就是打电话找家长。这时,学生就会低声下气地请求我不要这么做,而且会申明这7年内一定会安分守己。如果他能够保证按照他所说的去做,那么我会同意不打电话找家长。(但我不会让他们保证不再犯这样的错误,具体参见"策略201:永远别要求学生做出承诺")

很多时候这个策略都能发挥作用,因为学生相信教师是站在他们这边的。在这里我还必须强调一点,如果事情比较严重的话,就必须及时通知家长。如果有的学生有10次没有完成家庭作业,那么家长就必须知道这件事情,尽管你可以和学生就其中一两次作业未完成的情况进行协商,但千万不要使自己处于这样一种情况,那就是家长说你从来没有告诉他们,他们的儿子可能要不及格了,或者他们的女儿偷懒不写作业。这可是一件非常糟糕的事情。

策略89:用柔和的语气与家长沟通

有时候教师与家长沟通的时候语气比较严厉,我相信这都是学生造成的,有时学生的行为迫使我们不得不给家长打这样的电话。你一定要告知家长孩子会给他们解释打这个电话的必要性。不过,你在与家长沟通时应尽量用柔和的语气,比如"史蒂夫希望我给你打这个电话,因为他今天在学校的表现比较糟糕"。其实,你和我都知道对史蒂夫而言,他在学校的大多数时候表现都比较糟糕,但是家长不愿意听到这样的评价,因此,说孩子今天在学校的表现比较糟糕时,你要尽量用柔和的语气表达,以使家长容易接受。

策略90: 大量的小测验

有些课程,我不会采用比较大型的期中考试和期末考试的形式进行评价,相反,我会采用大量的小测验——一个学期大约15次测验。在学期结束的时候我会告诉学生我将取12个最高的分数加以平均。这样一来,如果学生偶尔几次由于没有做好准备或完成的情况不好导致的低分就可以排除在外了。但是,如果有些学生3次都没有参加测验,那么他们的低分就不能排除在外了,因为我要取12个分数进行平均。

采用这种方式进行评分比较公平,对于那些出勤情况好的学生来说也是一种奖励,但对教师来说确实增加了一些工作量。不过,我发现,如果所有评价都维系在一次考试上,学生就容易惊慌失措;而如果仅仅依据少数几次考试进行评价,根本就无法准确全面地评价学生。

但是,如果你从来都不安排一些重量级的考试,那么就有点不负责任了,因为在现实生活中,学生需要面对重量级的考试,比如学术能力评估考试和阅读水平评定考试等。

策略 91：提供选择的机会

这条由吉诺特（Ginott，以色列教育心理学家——译者注）（1998）提出的策略对年龄较小的学生来说特别有效。（吉诺特建议为孩子们提供选择的机会，这样他们会感觉自己很有权力。）如果全班学生看起来学得很疲惫，而你知道他们此时需要一些变化，那么就让他们自己决定想要有什么样的改变（在一定程度上的）。

例如，当你感觉到学生越来越厌倦解决数学问题时，你可以问问大家是否愿意做点别的事情。当学生发出震耳欲聋的回答声"是的"后，你可以告诉学生他们可以选择拼字比赛或上绘画课。他们不必知道的是，其实他们选择的这些内容都是你准备讲授的内容。给学生自己选择的机会，他们会感觉自己很有自主权，而你也可以完成已经计划好的教学内容。

策略 92：评分协议

在每次评分期快结束的时候，我都会让每个学生签订一份个人协议，这个协议通常是在学生独立阅读时间内完成的。我先要求他们写下自己认为自己能得到的分数，然后解释他们做了什么（或者没有做什么）来证明他们能拿到这个分数。10 个学生中大概有 8 个学生能得到他们心目中的分数。

我认为这是一个很好的机会,学生主动向教师证明自己能获得更高的分数——而且在一些课程中,他们确实获得高分了!就这样简单地证明自己,显得自己多有力量啊!反过来说,对于那些总是逃学还自认为自己能得A的学生来说,这可以再一次教育他们要谦虚。当然,这也是一次讨论的好机会,可以讨论频繁缺课和不完成作业等问题以及这些行为给学生的总体表现带来的影响。

也有这样的学生,他们自认为自己只能得80分,而结果却得了90分。对于这样的学生,教师必须教育学生相信自己能得这样的高分。有一个我比较喜欢的学生名叫利亚娜,她的平均分为96分,而她自己却认为自己只能得75分。于是,我要求她拿出证据解释为什么我要降低她的分数。我相信是过分的谦虚阻碍了她对高分的期望,因此,我必须向她指出这种错误的谦虚可能会导致的后果。(噢,顺便提一下,最后这个学生得到了A,因为她没法向我证明她只能得C。)

策略93:"班级"——一个集合概念

当一个学生犯错的时候,如果让全班学生都留下来,这是不公平的。但是,有时候全班学生必须以一个集体的方式行动,就像一个"集合体",这就是班级的概念。

我经常对学生讲,只要他们每个人都保持安静,那么他们都可以回家。如果乔斯喜欢咯咯地笑个不停,那么应当由全班同学来告诉他,是他妨碍了同学们回家。全班同学还必须学会用和平的方式来告诉他,禁止使用"闭嘴,傻瓜!"这样的言辞。这时,也可以采用不给捣乱学生"暗地里的支持"的策略（具体参见"策略85：暗地里的支持"）。你还可以给学生上一堂语文课，好好解释一下班级的概念。

策略94：吃着零食，独立阅读

马蒂亚斯是我教的师范生，由于这是一个特别难驾驭的班级，我告诉他我想让全班同学都能安静下来。他建议让整个班级在同一时间进行独立阅读。最终，我们达成共识，这个策略能让全班学生在毫无痛苦的状态下迅速安静下来。

我们一起到图书馆去，我让学生挑选自己能看懂又喜欢看的任何一本小说，并告诉他们，如果不喜欢自己挑选的书，可以还回去再选一本。我不想让学生看他们不喜欢的书，因为我希望阅读对于他们而言是一件快乐的事情。我还允许学生坐在房间的任何一个地方看书，结果很多学生就蜷缩在门口，有的坐在桌子下面，还有的则坐到了安静的角落。

现在，怎样做才能使这样的阅读更加完美呢？当然是零食！因此，我会带一些小甜饼分给学生，再请自助餐厅的服务人员送来牛奶，大家喝着牛奶，吃着小甜饼或其他相配的美食小点心！（如果你想做一个真正完美的人，那么你就给学生提供不含糖的小吃，这样后面时段上课的教师就不会再说你的坏话了。具体可参见"策略108：使用糖果或不使用糖果作奖品"。）

策略95：顺势而变

你设计好了要上一节有关"驿马快信制度"的课，而且你也知道这样的内容很吸引学生。但在上课过程中发生了一些变化，突然间，全班学生陷入对特雷布林卡（Treblinka）集中营的讨论中。你实在不明白讨论的主题怎么会跑到那里去，但这个话题确实很吸引人。学生们分享着各自的感受、想法和惊人的见识。那么，这时你该把他们拉回原来的主题吗？我认为没有必要。因为学生在后面还要学习有关大屠杀的内容，那么今天就先来学习一些相关的、很有吸引力的内容吧。当然，你不能总是这样做，因为有课程要求的限制，所以你必须自己做选择和判断。不过，学习并不总是原封不动地围绕预先设计好的课程计划进行的。

策略96：融入流行中

最近，我见到了我的两个侄子杰克和丹，他们正对最新的"超级英雄"感兴趣。他们的房间里到处是"超级英雄"的照片，他们满嘴都是相关的词汇，无须说，为了融入他们的生活，我也必须装出对这些新近流行的事物很感兴趣的样子。无论你的学生处于哪个年龄阶段，总是有某种吸引他们的流行事物存在。一个好教师应该融入这个最新的潮流，并把流行的东西纳入到教学中，使其既具有教育意义，又能愉悦学生。

策略 97：你教的内容学生学会了吗？

有时，教完一节课的内容后，我就认为学生已经掌握了我所教的那些知识，我相信他们会在针对这些内容的考试中得到 A，但令我沮丧的是，我不得不面对很多考得很糟糕的试卷。显然，只有一个人真正掌握了这些学习内容，那就是我，但这帮不了全班学生的学习。我甚至问学生是否掌握了这些知识，我情愿把答案填在那些空白的地方，因为我知道孩子们不愿意承认自己没有掌握那些知识。

有一种方式能帮助你了解学生是否掌握了你所教的知识，那就是要求学生用手遮住他们的眼睛，如果他们掌握了你所教的内容，那么学生就向上竖起大拇指，如果学生还需要你再仔细地讲解一遍，那么他们就把大拇指向下竖。如果大多数学生都掌握了你所教的内容，你只需要私下里给那少数几个不懂的学生补习即可，如果大多数学生的大拇指都向下竖，就需要再重新讲一遍，当然最好是用一种不同的教学方式。

策略 98：角色互换或角色扮演

这条策略非常好，因为它能使学生从教师的角度认识自己；相反，也能使教师从学生的角度认识自己。

当课堂上出现了问题时，就可以试试角色扮演的策略。先创设一个你想探讨的问题情境，然后请学生自愿扮演其中的角色。你将会从学生的扮演中了解到学生的想法,这些想法通常会帮助你产生新鲜的、全然不同的看法。

如果你对班级里产生的某种问题不知道该如何处理,那么你可以让学生知道,然后让学生扮演"你",而你则扮演学生中的一员。

你既可以使用角色扮演,也可以使用角色互换,无论哪种方式都非常有效。这样的策略最突出的优点就是比较轻松,能够让学生笑对某些情境,否则,这些情境会使学生感觉很不愉快。

策略 99:我很无趣吗?

我并不常用这条策略,但是当你了解学生的感受时(具体参见第十三章),这条策略可能很有意思,对于作为教师的你来说也很重要、很有用。这条策略可以追溯到我的一段经历,那时我对自己所教的一门课程深感不安,我是一名英语教师,但校长又让我去教一些历史课。我做学生时就很讨厌历史课,因为我的历史老师讲课既枯燥又无趣,现在突然间让我教古希腊的历史,而我在这方面唯一知道的就是,那是很古老的事情了。

于是,我临时抱佛脚,开始狂补历史知识,因为我想尽一切所能让我的学生喜欢上这门课程,而不要像我一样患上"历史恐惧症"。当我上历史课时,我要求学生随时告诉我,我这样上课是否让他们失去兴趣或没有心思听讲。这样做的结果就是现在我非常喜欢讨论古希腊的历史,甚至在我和学生谈话时也喜欢听他们讨论古希腊的历史。

不要害怕问学生他们是否拒绝学习,因为知道学生不想学习总比一直重复那令人昏昏欲睡的课程要好些。

策略100：课堂意见箱

课堂意见箱无论对教师还是对学生来说都是一个很好的、可以利用的资源。设立课堂意见箱，学生匿名（或不匿名）把意见投入意见箱，这样既能帮助你了解学生的需求，也能帮助学生表达他们的需求。不过，我需要事先提醒你，有时候有些学生可能会非常不诚实，他们会说你并不是真正愿意听他们的意见，或者他们会做恶作剧，提交像一年都不布置家庭作业这样的意见。你必须对这些建议进行甄别，找出那些真诚的、对你的课堂和教学真正有用的建议。有几年，我感觉意见箱里的建议确实使我成长为更好的教师，但也有那么几年，意见箱没有被认真对待，因此我撤走了意见箱。

策略101：禁止使用俚语的有趣策略

很多时候，教师努力学着学生的口气说话，觉得这样做会使自己显得很"酷"。但大多数时候并非如此，学生只会觉得老师的声音听起来很可笑，是老师在跟自己套近乎。一个55岁的教师穿着"整形外科医生"的鞋子说："哦，小家伙，你不是没做作业吧？"这并不会给人留下深刻印象。事实上，俚语并不属于课堂。在街道或在家里，学生可以随心所欲地说话，但是在你的课堂里，他们应该说标准的英语，因为在现实生活中人们往往通过一个人的说话方式来评判他。我想让我的学生聪明伶俐地说话。为了达到这样的目的，首先我要让学生能意识到自己正在使用俚语或不标准的英语。不过，我并不会每次都立即纠正孩子们嘴里冒出来的俚语，与其这样做还不如让学生自己来纠正。例如，如果有人说了俚语的"不"（ain't）字，全班同学都会对这个学生说："洛登会惩罚你的。"那个说俚语的学生则必须笑着说："谢谢。"学生很喜欢这种纠正的方式，因为这种方式充满了善意。

当斯特拉在进行自我纠正时，我们所有人都大笑了一场。因为她愤怒地对着全班同学说："我不（俚语的"不"——译者注）再说这个'不'（俚语的"不"）字了。"结果她自己除了笑也别无选择，她发现自己不自觉地重复说了两遍俚语的"不"字。

注意：不要贬低俚语，因为俚语中充满了独特的趣味和浓厚的文化气息，而你要做的是教给学生如何辨别俚语和正确使用语言的方式。

策略102：不要过度纠正

不要滥用前面那条策略，因为如果我们不断地纠正学生每一次的语法错误，那么学生反而没有机会自己去纠正语法错误了，这也是为什么我对每个语法错误只纠正一次的原因所在——例如，我前面讨论的俚语"不"的问题。一旦学生自己能够听出这样的语法错误了，那么我就会对另一个语法错误进行纠正。"我明白了"是学校里的热门用语，不过，我偶尔还是会在说话过程中故意溜出俚语"不"，就是看学生是否能抓住这个错误。结果，学生们很乐意把"洛登会惩罚你的"这句话又用回到洛登身上。这时，我会谦和地咕哝道："谢谢。"

策略 103：学生的回报：对你的个人评价

我把这叫作"回报时期"。在学年结束的时候，我会要求学生评价我们共同完成的这门课程——告诉我他们喜欢什么以及为什么喜欢，我所做的哪些事情使这门课程变得更美好，他们最喜欢什么和最不喜欢什么，等等。当然，希望从学生那里得到哪些反馈，这完全取决于你。学生在写评价的时候可以不署名，我允许他们自由发表意见，但是我也强调他们要尽可能地提一些建设性的意见，而不是写一些卑劣的意见。（我还面带微笑地威胁他们，如果有人写了很卑劣的意见，那么我就要拿到笔迹鉴定师那里去鉴定笔迹了！）

这是一条很好的策略，因为它能帮助你确认哪些教学行为有效而哪些是无效的。我最喜欢的一个学生写的反馈评价是："我喜欢你的课，因为你如此有趣——好吧，至少你努力地这样做，我们学生都深有感触。"呵呵，原来我还只是努力地这样做！

策略 104："帮帮我，有人要听我的课！"

你担心的时刻日益临近了，你的督导将拿着纸和笔进入教室听你的课。不过，你一定要明白你的督导听你的课不是为了评价你，而仅仅是为了帮助你。在听课的前一天晚上你一定要这样一遍又一遍地告诉自己，因为我们中的大多数人在那天晚上都无法安眠。有时，尽管学生在上课过程中满教室里欢跑，但你还是感觉自己的课上得太平淡乏味了。

别担心——这样的情况很少发生。有些教师会提前向学生说明将有人来听课，像我总是告诉学生，别人来听课是想观察我是如何上课的、我们师生之间又是如何互动的。我告诉学生，这对我而言是一个重要的时刻，我需要他们的帮助。我总是惊奇地发现孩子们是那么地支持我。

有一次，我事先对学生说我需要他们表现得热情高涨，这会对我很有帮助，我鼓励他们在上课时不要坐在那里发呆。在这堂科学课中我做了一个实验，而接下来发生的事情让我感觉很窘迫——每个学生在走过听课的校长身边时，都会刻意大声地说"这不是很有趣吗？"或者发出"哇"的赞叹声。这看起来实在是太戏剧化了，但幸好校长并没有看出来。知道学生站在你这边，这样有人来听课就不会让你觉得很痛苦了。

策略105：我为你们感到骄傲

如果有人要来听课，而我担心学生会像我一样感到压抑时，我就会采用这条策略。正如我以前说过的那样，许多教师会在有人听课前威胁学生，说校长来听课主要是为了观察他们的表现，他们应该有良好的行为表现。而我认为好的方式是告诉学生，你经常以他们的表现为荣，而校长来听课主要是看事实是否真的如此。这样，学生就不会感觉校长是来评价他们的，他们会更放松一些，更好的结果是学生认为必须好好表现以维护他们的荣誉，而事实是他们通常都能做到这一点。

第十章　明确后果

策略106：每个行为都会有相应的后果

现在，规则已经制定好了。一个好的方法就是放权给学生，由他们帮助你制定违反规则后的惩罚措施。我的名言之一就是"每个行为都有其相应的后果"。无须我告诉你强调这一点有多么重要，因为它体现了个体责任的重大意义。

永远不要给学生指责你不公平的口实。我总是问学生在一个具体情境中他们感觉怎样做才是合适的。学生有时要比你想象的更为严厉。曾经有一次，在一起比较严重的打架事件中我意外地被推倒了，我让两个参与打架的学生自己说，什么样的惩罚才是公平的。其中一个男孩建议拘禁一个月，而另一个男孩则建议为我洗车。这两种惩罚方式都不合适，仅仅两天的拘禁就已经太多了，因为对他们来说两天几乎就是永远了。

当然，还要强调的一点就是，行为后果也可以是积极的。

策略107：各种奖励，甚至是"钱"

优惠券、奖票、玩具弹球等是各种奖励措施的名字，它们的目的都一样，就是通过积极的强化来激发学生的动机。具体选择何种奖励措施完全取决于学生的年龄。这些奖励措施既可以用于学生的学业成绩，也可以用于班级活动或行为表现方面。对年龄较大的学生可以奖励优惠券，他们可以在学校的商店中使用这些优惠券；对年龄较小的学生可以奖励一些奖票，这些奖票可以兑换一些玩耍时间或一本书、一张图书馆的通行证、一次当"班长"的机会、考试中的加分，甚至是与你共进午餐的殊荣，等等。对一些学生来说，奖励贴画太幼稚了，因为我很少看见高年级的学生滔滔不绝地讨论贴画。我们不能给他们真正想要的东西，像汽车这样的东西也太昂贵了吧！我们需要快速地了解学生究竟把什么东西看作是对努力学习的奖励。

对于年幼的学生来说，一个好主意就是设置一个放玩具弹球的罐子，无论何时，只要全班学生的行为表现真的很好，你就放一个玩具弹球在罐子里；当学生的表现不好时，你就从罐子里拿走一个玩具弹球。当这个罐子装满了玩具弹球时，你要给全班学生一次重大的奖励，比如一次班级旅游、一次披萨宴会或某些方面的特殊奖励（比如请校长在全校通报表扬你的班级）。对于年长的学生来说，到期末的时候，你可以举行一个小型的拍卖会，准备一些学生喜欢的东西，比如录像带租用券、流行的书、笔或计算机用纸，等等，在拍卖会上学生用他们手中的优惠券竞拍自己喜欢的东西。

你也可以在学期初的时候就邀请家长贡献出一些孩子们喜欢的东西作为奖品，这样买奖品就不必完全由你掏腰包了。你还可以邀请一些商店加入，如果他们愿意捐赠一些奖品的话。

策略108：使用糖果或不使用糖果作为奖品

我以前经常使用糖果作为奖励品，现在我认为这样做不合适。我认为用糖果当奖品既方便又便宜，还能使孩子们高兴，同时在批阅学生试卷时还能作为我的零食。但是，在听取了我教的师范生的意见后，我意识到，当人们的健康意识越来越强的时候，糖果已不适合使用在课堂奖励中了。因为考虑到家长的反对，许多教师认为糖果不适合作为奖品，对此，一个好的方法就是在开学初对家长进行问卷调查（具体参见"策略26：做好信息调查记录"）时就此问题问问家长的意见，看他们是否对偶尔使用糖果作为奖品持有异议。当然，如果学生在这方面有医学上的问题，那么在你阅读完学生的健康报告后对此要保持高度的警醒。

策略109：从99分开始

这个策略只能用于没有必要进行书面测验的课程，比如我教的"性教育"课程。在这样的课程里，师生对话和生生对话是首要考虑的评价因素。当然，这样的课程也可以进行测验，只是测验的结果主要是帮助我评价学生究竟学到了什么，而不是用来为学生评定等级。

在这样的课程里，我所能做的就是赋予学生责任意识（因为在这门课程里，个体责任是最重要的）。在开学第一天，我就告诉学生他们这门课最后的成绩将是百分制里的99分，结果学生们都目瞪口呆、难以置信地看着我。接着我加了一个转折式的条件"但是"，我告诉他们每周他们都必须把日记交给我看，我要对日记进行评价，而这就是他们这学期必须完成的全部任务。如果他们做不到，那么缺一周的日记，我将从这99分中扣掉10分。

我无法向你形容当学生知道这门课他们能得99分时的高兴情景，同样我也不愿意告诉你，最终有多少学生没有得到99分。这是一个比较简单的任务，但如果他们做不到，那么他们就要承担相应的后果。如果学生忘记了交日记，我很少允许学生第二天补交（尽管，有一年我很宽宏大量，对于第二天补交的学生我又还给他们5分）。当然，缺课的学生就只有等到他再来上课的时候交日记了。

我确实相信这条策略能帮助学生树立一种责任意识。既然规则已经制定出来了，那么学生就不能指责教师不公平了。

策略110：操行评定单

有时候，教师需要家长配合共同来教育学生。当一个学生出现了难以纠正的行为时，我所在的学校就会发给学生一张"操行评定单"，让他带回家给家长。在这张单子上，把课程划分成一个个小格。每堂课结束的时候，教师会根据学生在课堂上的行为表现在相应的小格里打分。如果教师的时间比较充裕，还可以在上面写一段简短的评语。学生每天把这张操行评定单带回家，由家长签字并写上评语。在学生把操行评定单带回家之前，我建议你先浏览一遍，如果你发现学生的行为表现有进步，那么就在上面添加积极的评价。只要有可能，教师应该尽量给学生更多的鼓励。

策略 111：处罚单

我的学生都很喜欢这条策略。当我进行拼写测验时，我会先让学生互相批改，批改者必须在试卷的底部写上自己的姓名，这样我就知道是谁批改了这张试卷。

然后，我在黑板上写出正确的拼写，学生要逐一核对，找出所有的错误拼写，并加以改正。接着，他们把改正后的试卷交给我，我再快速地检查一遍。如果他们遗漏了一处拼写错误，或者他们没有改对，那么他们将得到一张"处罚单"——一张废纸，他们要在上面抄10遍拼写错误的单词。这时，他们会哀叹抱怨，而我却在微笑。

如果试卷上没有错误，我就会假装很失望。这样做非常有趣，因为在这个"游戏"里，洛登女士竟然因为没有机会开出罚单而伤心失望。当然，不开罚单的前提就是学生必须非常仔细并确定他们没有犯任何错误。这也是一种教给学生校对技能的好方法。

策略 112：什么时候应该打电话找家长？

作为一名教师，我给你的最好建议就是在你认为应该给家长打电话的时候就打。当你发现学生在你这门课上可能会不及格的时候，当学生经常不写作业的时候，当学生没来上课的时候，当学生的行为异常的时候，或者当你感觉学生正处于某种危险之中的时候，你都必须打这个电话。通常，在学生青春期时，毒品和酒精会侵蚀学生的头脑，教师必须能够看出这方面的端倪来，这一点非常重要。

策略 113：避免冲突

为了营造一个安全又舒适的课堂环境，你必须尽可能地做好每一件事以避免冲突。记住，除了家长，学生可能会认为教师是这个世界上最不公平的人。他们通常会转动眼珠、咬紧牙齿，小声地嘟哝道："这不公平！"因此，接下来教师使用的策略就是考虑如何尽可能地使课堂不存在"不公平的证据"。如果你很好地运用了这样的策略，我保证你遇到的纪律问题会降到最少。

我曾经见到有的教师非常困惑，因为他不愿意或不能尊重学生的需要。通常情况下，教师感觉自己必须更好地控制学生，即便是付出伤害师生之间感情的代价。有些人会说这是无意识的行为，并且说自己也不愿意发生这样的事情。那么，你就应该尽力提高意识，克制自己避免冲突的发生。让我们一起努力营造既安全又有趣的课堂吧！

第十一章 避免直接摊牌

策略114：无意识的言行

在讨论这个避免冲突的策略之前，我先要给教师们减压，我敢肯定你一定有过"失控"的时候，其实，我们所有人偶尔都会出现这种无意识的言行。我的意思是我们可能会大喊大叫，说一些我们也不愿意说的话，等等，总之，使自己变成我们发誓永远都不想成为的那类教师。好吧，这样的状况肯定会发生，而且偶尔发生一次也是可以的，因为教师毕竟是人，是允许犯错误的，但你要明白自己的这些无意识的言行，并努力从中吸取教训。比如，当我做出这些无意识的言行时，我会对自己说："哦，好吧，我真傻。"这样的自我认识能使冲突至少减半。但是，几乎所有言行失控的教师都没有认识到自己的言行对学生产生的负面影响。

当我们与学生一起讨论这种无意识的言行时，必须让学生认识到教师也有自己的缺点，而且有权利生气。给你一个好的建议，你可以向学生透露你感到非常生气，并告诉他们你为什么生气以及在这种情况下他们应该做什么。如果学生想要一个公平的课堂环境，那么他们也必须为此做出努力，不要认为这仅仅是教师的事情。

策略115：每一件事情都让学生感觉丢脸

在我的教学生涯中，我大部分时间都在与十几岁的孩子打交道，因此我相当清楚，对于这个年龄阶段的孩子来说，几乎每件事情都会让他们感觉丢脸。例如，剪出来的发型和杂志上的不一样会让他们痛苦万分；如果长了个丘疹，那简直就像得了不治之症一样；年龄比较小的学生甚至会因为要当众朗读而惊恐不已，因此我们必须非常谨慎。记住，如果你让学生感觉丢脸，那么你们之间就会因此而筑起一道屏障。

策略116：幽默，而不是讽刺

好吧，有时候确实有孩子表现太差需要被好好地奚落一番，但教师不应该成为做这种事情的人。讽刺会伤害到学生，而那些缺乏阅历的学生很可能看不出这是带有幽默的讽刺，而直接把它们当成是对自己的奚落（实事上也的确如此）。

我曾经有一次目睹同事对他的学生说："哪怕你只长了半个脑袋，你都会理解我说的话。"结果学生也用恶毒的话回应这位教师，于是这位教师勃然大怒，立即打电话找家长。后来，这位教师问我是否听到了这个孩子对他恶言相向，我问他，如果我没有好好听他说话，他是否也会用这种方式和我说话呢。当然，他不会。那么，他凭什么就认为可以用这种方式对待他的学生呢？

我希望大家记住，善意的笑声是最好的情绪缓解剂，而且也使我们显得更有人情味；而讽刺和揶揄别人的努力，那不但完全无法让人接受，而且也是相当残忍的做法。

策略 117：最大的禁忌："仅仅是开个玩笑而已"

我宁愿学生骂一些恶毒的话语，也不愿学生在伤害了他人的感情后却说："仅仅是开个玩笑而已。"在我的课堂里绝对不能出现这样的行为。在容易激怒我的为数不多的几件事情里，"仅仅是开个玩笑而已"便是其中之一，我的学生都很清楚这一点。我们一起讨论一些比较"残忍"的诚实——比如，把某个人称作"肥牛"，这样的称谓不但不能让这个人认识到自己的体重问题，反而表明了说话人的残忍和无情。我告诉学生，如果他们想开某个人的玩笑，那么可以尝试一些自嘲性质的幽默，这样做肯定会非常有趣——毕竟，Joan Rivers（美国著名喜剧演员——译者注）就因为这样做而赚大钱了。

策略 118："闭嘴！"——千万不要这样说

我不知道当有人对你说"闭嘴"的时候，你是否会生气，反正我会非常生气。尽力克制自己，永远都不要对某个学生或者整个班级的学生说"闭嘴"，这是一种有辱人格、极不尊重他人的言辞。其实，你只要直接告诉学生请保持安静或保持冷静就可以达到你的目的，没有必要把学生逼到自我防卫的地步。

策略119:"我告诉过你了"

你是否很厌恶有人提醒你,说他早已经"告诉过你了"?教师似乎总是迫不及待地告诉学生,说自己早就告诉过他们了。

"难道我没有告诉过你,你这样会把书弄丢的吗?"

"难道我没有告诉过你,如果你和她混在一起会有麻烦的吗?"

"我早就告诉过你会这样,现在你会听我的了吧?"

这些话语听起来是不是很熟悉?而学生对此的反应是很不愉快,往往还会翻白眼。如果你也这样做了,而学生的反应却很消极,那么我也会对你说:"我早就告诉过你会这样了!"

策略120:避免争论

对于教师而言,有一个事实令人感到痛苦:当你和一个学生发生争论的时候(当然,本质上是学术争论的除外),即使你表面上看起来赢了,但事实上你输了,因为当你和学生发生口角的时候,你不但在全班学生面前失掉了威严,而且你会很快发现自己正陷入无聊的权力之争当中。

如果你们的口角超过了1分钟,我建议你最好暂时休战,等到课后再与学生进行面对面的单独交流。

策略 121：将问题泛化

"你从来没有做过作业"、"你总是要拖到最后一分钟"，当我们言语失控时，这些话总是很自然地脱口而出，但是这样讲并没有什么效果。所有这样说的教师无非是提出了一些无法得到验证的指责，只会分散当前大家对这个问题的注意力。为了避免这样的对质，教师应当牢牢抓住当前的具体问题进行讨论。教师应该小心谨慎地运用准确的话语描述问题，而不要说一些带有侮辱性的语言，那样只会更刺激学生。

策略 122：有选择地与学生"争斗"

有时候我们不得不忽略学生小小的违规行为。当然，我还要再强调一遍，是小小的违规行为。如果你只要看到学生的违规行为，无论大小，你都大喊大叫，那么不久以后学生就再也不会听你的了。在我的课堂上，我并不经常大喊大叫，而是采用严厉的注视、微笑、说"对不起"或突然降低我的声音等其他策略（具体参见第十二章）来提醒学生。如果这些策略都不起作用，那么我就可能会失控（具体参见"策略114：无意识的言行"），接着怒发冲冠，这是我早在读5年级时就特别讨厌的教师形象。虽然，这时候学生会马上坐端正，但我还是会听到他们在窃窃私语："她来真的了。"因为平常我对学生的小小违规行为总是从轻发落，因此当我偶尔非常生气的时候，学生就会比较慎重地对待。

不要忘记这样一句名言：尽管你可以赢得一次小小的斗争，但你可能会输掉整场战役。我有一个学生再也不来学校了，因为很多教师都针对他小小的违规行为而不断地惩罚他，而我认为在这些违规行为上他也是无能为力的。结果怎么样呢？这个学生就只能放弃学习了。

策略123：重新开始

有时候，当情势完全失控的时候，会造成无法挽回的伤害。比如，一个学生对你说了极恶毒的话，你觉得自己永远也无法原谅她。记得在你刚成为一名教师的时候，你曾经为自己设置了底线，但现在你试图去敲打这个学生，这打破了你为自己设置的底线。

等你平静下来后，你觉得你们双方都有必要重新开始。你可以放学后找这个学生单独谈话，达成"停火协议"，双方都当作什么事情也没发生。但这种事情最好不要反复出现，因为这样一来，事情会没完没了，而伤害却进一步加深。在接下来的一两天里，你们往往会觉得有点尴尬，但随后你们的关系就因为有这样的秘密反而变得更亲密了。

策略124：小心空洞的威胁

我们都知道，教师冲动时会对学生大叫："我要让你休学"，"我要打电话给你的家长"，等等。但当教师冷静下来后，又什么事都不会做。这样的威胁一开始可能会有用，但反复几次后，学生就会明白是怎么回事了，而你也会因此失去大家对你的信任（如果你使用下面这条策略，那么大家对你的信任度会剧增。）

策略125：不要凭一时冲动制定规则

很多时候教师惩罚了学生的某种行为，但这种行为在此之前从未被列入违规行为当中，而事实上这种行为通常是可以容忍的。但对学生而言，教师的惩罚意味着又为大家制定了一条新的规则，有时候这可能就是教师想达到的目的。这实在是太不公平了，如果你真的想制定这个新的规则，那么这一次你应该放过学生的错误行为，但同时要明确告诉学生这是违规行为，以防止学生下次再犯。我曾经有一个同事，平时他任由学生在教室里戴帽子（尽管这种行为已经违反了校规），有一天，一个男孩子对这位教师不敬，他就以这个学生上课戴帽子为由找他的麻烦。这实在是太不公平了！

策略126：营造胜利的氛围

在失败的战争中总会有赢家。这条策略无论是对一个班级还是对一个学生而言都会产生积极的影响。有一天，我女儿兴高采烈地从学校回来。那是新学期开学的第一天，她要求教师考虑采用新的方式进行评分，而不要沿袭传统的累积式评分法，因为传统的评分方式从学年开始就把学生分成了三六九等，但教师回答说："我不赞同你的想法，你能告诉我,我为什么要采用你的建议吗?"我女儿费利西娅平常不善言辞,但这一次她与教师进行了长时间的辩论,并最终"战胜"了教师。这时,全班同学都欢呼了起来,我女儿成了英雄。

后来,当我遇到这位教师时,我问她是否故意营造了当时的氛围,她冲我使眼色,我恍然大悟。她说:"我希望费利西娅能够经常很自信地为自己的观点辩护。"很明显,她的做法对我女儿的成长产生了积极的影响。

策略 127: 剽窃行为

许多学校布置的论文作业都可以在网络上找到,这样也就产生了论文抄袭者。通过抄袭,学生大约花几秒钟的时间就可以获得别人调查几天才获得的信息。还有学生甚至把别人写的读书报告直接当作自己写的交给老师。为了避免这种剽窃行为,你有必要向学生明确地说明你会彻查每一篇涉嫌抄袭的文章。这或许能阻止学生采用剽窃这种容易操作的方式来写文章。

几年前,我有一个学生非常骄傲地交给我一篇读书报告。我知道其实他并没有读过那本书,并且我也这样告诉他了。他非常愤怒,并以神的名义发誓他读过那本书,直到我指出他生动描写的书中主人翁的死亡在原著作中并没有,这个情节只出现在电影中,他才承认了事实。因此,你也可以警告学生,基于原著改编的电影常常都与原著差别很大。

策略 128：不要迫使学生说谎

我发现家长总是迫使自己的孩子说谎，然后又指责他们的说谎行为。

例如，有位父亲接到老师的电话，知道他儿子旷课了。等到儿子回家的时候，他问儿子今天在学校的学习怎么样，儿子回答说："很好啊。"于是，这位父亲对儿子大发雷霆。儿子说谎是为了逃避父亲的惩罚，但实际上最先说谎的是父亲。如果父亲诚实，那么他应该告诉儿子学校的老师打来电话了，但是他选择给儿子挖好陷阱，等着儿子撒谎。

因此，当教师发现学生做错了事，应该直截了当地告诉学生。如果把学生逼到了死角，又怎能指望学生不撒谎呢？这就好像有位女士打扮得很难看，却跑来问你好不好看，你不是也会违心地恭维她吗？

策略 129：使规则具体化——具有针对性

最令我气恼的事情之一就是学校制定诸如"禁止殴打教师"之类的规定。我认为这样的规定形同虚设。难道真有学生认为朝老师挥舞拳头是合理的吗？既然这样，为什么还要制定类似的规则呢？这样做无非是让家长和规则制定者感觉良好，只是凑数而已。

事实是，规则设定得越多，学生反而越不会去认真地阅读这些规则。我的做法是，那些已经公认的违规行为可以删去，而对那些存有疑义的规则就进一步加以澄清。比如，我所在的学校有一条规定："每个学生都必须穿着得体以便于学习。"这是什么意思？难道每个学生都应该戴一顶"会思考的帽子"吗？这条规定就需要进一步地解释说明。或许这条规定的意思是指学生来学校学习时不可以戴帽子、不可以穿紧身短背心和超短裙等。只有这样详细地说明，学生才能明白这条规定究竟是什么意思——只有明确的规定才能引起大家的关注。总之，不要制定出类似购车时签订的购车合同那样的空洞条文来。

策略130：不要偏袒一方

二对一是不公平的，即使你赞同其中的一个学生，作为教师，你的职责是调停学生的争端，而不是判定谁对谁错。当然，这时候需要教师有明智的判断，如果一个学生有辱骂或威胁别人的举动，你就必须干涉。但是学生之间的大多数争端都可以通过调停解决，而通常如果你偏袒一方，那么到最后你发现自己倒成了恶人。我曾经就犯过这样的错误，尽管我好心好意地去解决他们的争端，结果我却被指责破坏了他们之间美好的友谊。

策略131：暂停一下

这个策略我在前面讨论"避免争论"的策略时提到过，现在我还要着重强调它的重要性。有时候，你即使用完所有课本上介绍的策略，最后还是无法解决争论,这时候你可能不得不让这个学生(对于年龄较小的学生比较容易操作)暂停一下。你可以让学生暂时停止学习,休息一下,也可以允许她把头靠在桌子上休息,直到她能够继续学习为止,你还可以建议她到教室外面去,直到冷静下来后再进教室。教师在做这些尝试和提出建议的时候,一定要带着同情心,而不应该出于愤怒才这样做。作为教师,我们必须仔细琢磨这些我们应该具备的教学技能。

策略 132: 不要比较

你是否还记得,你的父母曾经把你和你的兄弟姐妹进行比较?或者他们会质问你:为什么你不能像隔壁的南茜那样,把每一件事都做得漂漂亮亮的?我们都曾经听过这样的评价,并且也很讨厌这种比较,那么就不要再把这样的比较强加在学生身上。记得有一次我对一个班级的学生说,我在另一个班级上课可以完成比他们多得多的教学任务,结果一个女生的反应使我如梦初醒,她在课后找到我说:"我们并不是另外一个班级的学生,你这样把我们两个班级进行比较已经伤害到我的感情,你使我想起了我的妈妈。"哎哟!这时我感到非常糟糕,并发誓以后再也不这样做了。

我有一个朋友也是教师,她总是出于好意告诉她所教过的每个班级的学生,说他们是她最喜欢的一班学生。结果,当各班学生把他们的笔记进行比较时(他们确实会这么做!)就发现了这件事,这样一来,教师赞扬的效果就会大打折扣。

每个班级都是一个独立的群体,他们有着各自内在的前进动力,如果你所教的每个班级都是一模一样的,那该多么无趣啊!

策略 133:永远不要进行人身攻击

教师的批评只能针对学生的错误言行,永远不要针对学生的人格。没有一个教师可以说学生没有希望了或品质太坏、太懒惰了。与其去攻击学生的人格,还不如仔细向学生解释他们究竟做了什么让你心烦不安。

例如,如果你在考试中发现一个女孩作弊,而她坚决否认,你不应该称她为撒谎者或骗子——相反,你应该告诉她你是多么失望,因为她在考试中逐字逐句地抄书却还不告诉老师真相。

策略 134:娱乐刺激

当你感觉到有学生在上课时坐立不安,究其原因或许是因为有悬而未决的争端或期盼放学后的派对,或者仅仅是因为疲倦了,那么这时你就需要用娱乐来刺激了。我并不是建议大家头上罩个灯罩跑来跑去以娱乐学生,我的建议是你应该采用备选方案暂时取代当前的学习活动。我总是预先准备一些寻找词汇的游戏或者数学谜题等备选方案。如果学生当中正在酝酿一场争端,那么你也可以把那些潜在的要进行"争吵"的学生叫出来进行单独对话。你也可以尝试用突然关灯的方式来集中学生的注意力。

第十二章　代替大喊大叫的策略

策略135：教师的注视

教师应该不惜一切代价避免在学生面前大喊大叫，因为如果你一直大声喊叫的话，到最后学生根本不会听你的话了。有一些简单的策略或许可以帮助你避免使用口头暴力（也可以防止你患上严重的咽喉炎），其中之一就是严厉的注视。如果哪个学生干扰了你上课，你可以用目光紧盯这个学生不放，这样或许全班学生很快就会迫使他停止干扰行为。一旦这个学生很明显地接收到了你的暗示，那么你可以向这个学生眨眨眼睛，表示你已经不再生气了，并且很欣赏学生这种尊重自己的表现。

策略136："请原谅"的微笑

另一个策略是从我的老师那里学到的。当你停下讲课，并用严厉的口吻说"请原谅，现在是我在讲话"时，总会有学生回答说："原谅你了。"这时，我建议你先展露一个微笑，然后继续讲课。

顺便说一下，微笑应该是你脸上最常见的一个表情，一个温暖的微笑意味着一位温暖的教师——学生大致就是这样想的。但我并不是要你整天咧着嘴笑,因为那样就太怪异了。如果身边总是有张刻薄的脸,那是不会让人感到开心的。

策略 137：放低音量

不要养成用你的大嗓门盖过学生噪音的习惯,应该使用的策略反而是放低音量。

在上课过程中,如果你听到课堂上有微弱的嗡嗡声,你可能会倾向于提高你的音量;但之后你会听到下面有更大的说话声,于是你再提高一点音量。最后当你听到课堂上学生的咆哮声时,你开始对学生大喊大叫,这时再使用这个策略就已经太晚了。

因此,在一开始听到一些细微的嗡嗡声时,你就要把声音放轻柔一些。这样学生会突然很紧张,想要听清你的话,那么他们就会停止说话,而且他们还会让周围的人也保持安静。

策略 138：手势艺术

另外一个能代替大喊大叫的策略就是使用手势。在开学初的几个星期,你可以教学生理解很多种手势,这些手势将避免你的身体和心灵遭受折磨。在这里我可以给大家举一些例子:手指放到嘴唇上表示安静,咬住手指表示引起注意或者督促某个懒散的学生快一点(要小心,这个手势在某种文化中被认为是粗鲁的动作——参见"策略169：文化差异"），竖起拇指表示赞赏，"啧啧"声则表示不赞同，等等。我的习惯通常是，我先举起手来做动作，然后学生会自动模仿我的动作，与此同时他们就自动安静下来了，一直到现在我也不明白为什么这么做会这样有效。我相信在缓慢举手和闭上嘴巴之间有一条互相连通的肌肉，尽管这种想法还没有得到解剖学上的证明。

策略 139：拍手，拍手

这个策略对年纪小的学生来说非常有效，当你想在开始上课的时候吸引学生的注意力时，就可以用拍手的方式。学生会觉得这是一个游戏，而事实上这也确实是游戏，不过最终的结果是产生了一个安静的课堂环境。需要说明的是你拍几次手，你就要求学生也拍几次手，你们的次数要一样。比如，如果你拍一次，学生也要拍一次；如果你拍三次，学生也要拍三次。（你会觉得这像一节数学课，但实际上它正好是数学课的一种延伸。）结果是学生要想知道自己该拍几次手，他们就必须认真听你拍手，而一旦他们认真听了，你就可以开始上课了。

策略 140：快，关灯！

我不是和你讨论放录像前关灯的问题，我在探讨的是一种瞬时集中学生注意力的策略。当我感觉自己无法控制整个课堂或我的怒气快要爆发的时候，我往往会采取这个策略。我会突然关掉电灯，这时候全班学生会暂时发蒙，由于某种原因，他们会安静下来。突然关灯使教室变暗，这就像给某个人泼了一盆凉水一样——只是关灯不会造成那么大的混乱。

策略141：表扬一个人

这个策略对年幼的学生来说特别有效。当学生们正在做上课准备时，你环视四周，然后说："我看见莉莉已经准备好了。"然后，你又一次环顾四周，并说："我还看见佩奇和狄伦也准备好要学习了。"结果，你突然间发现几乎所有的学生都做好准备迫切地等待被你表扬。孩子们喜欢他们的名字被老师提及，他们安静地坐好或许只是为了听到老师能点出他们的名字。

策略142：把名字的第一个字母写在公告板上

这个策略与上面的表扬策略在吸引学生注意力方面有同样的效果，但这个策略能使学生更快地安静下来。对于年龄小的学生来说，这是一个复杂的任务；而对于年龄大的学生来说，这个过程又非常有趣。当班里大部分学生还没准备好时，你把已经做好准备要学习的学生名字的首字母写在公告板上，接下来发生的事情就是每个学生都环顾四周，想找出来这是谁的名字的首字母。他们没有意识到当他们寻找是谁的名字的首字母时，他们只是用眼睛看，这样教室里很快就安静下来了。曾经有一次，当我把我自己名字的首字母写在了公告板上时，学生们笑我，并说我不公平，因此，我不得不辩解说我也是课堂的一分子——实际上，这并不是碰巧写上去的，而是整个教室里只有我一个人没有说话。

策略143：视觉信号

正如我之前提到的那样，许多孩子都属于视觉偏好学习者，因此对于年幼的孩子来说，采用一些视觉信号非常有效。如果学生年龄比较小，打出不同的颜色信号，学生立刻就知道要做出相应的反应。比如，当他们看到红灯，他们就知道这表示停止；你还可以采用带有警示意味的黄灯，它表示学生要开始做学习准备了；而绿灯亮则表示正在学习中。想想吧，你这样做还可以替孩子们节约学习交通规则的时间。

策略144："我正在等待"

这是另外一种对我来说比较有效的视觉技巧。一天，我使用了所有的小窍门，比如"注视"、"降低音量"以及其他我能想到的能使班级安静下来的策略，但都不管用。不过，当时班里的学生并没有联合起来闹，而是各闹各的。于是我在黑板上写下了"我正在等待"这句话，然后我就坐下来等待。我现在都不能确切地知道是为什么，学生们竟安静下来了。不过，我必须要警告你，频繁的使用会使这个策略失效。

策略145：旅馆侍者使用的铃铛

我非常喜欢我的这个铃铛，以至于我想把这个铃铛传给我女儿。其实它就是你在旅馆桌子上看到过的那种铃铛——只要你摇这个铃铛，你就会被注意到。这也正是我要做的事情。

我要求学生一旦听到我的铃铛声就不能再乱动了。对于学生来说，这是一种游戏。而当学生们听到铃声安静后，我会告诉学生他们有多棒，而我又多么喜欢这个铃铛。我十分认真地要求他们听到铃声后一定要立即安静下来，作为对他们的回报，他们也不必再忍受我的大喊大叫了。（注意：总会有学生向你请求把铃铛给他们摇一摇，并把此当作一根权力棒，一个传一个，你不要阻止他们。）

有人建议用声音听起来让人更愉悦的雨铃（一种乐器，声音似雨滴——译者注）来代替铃铛。如果你的学生喜欢听这样的声音，认为它令人感到非常舒服，那么你使用它也会带来同样的效果。

策略146：停止教学

你必须自己决定是否用这个策略来对付那些经常迟到的学生。我使用这个策略没有问题，但你或许觉得采用这个策略会让学生感觉很丢人，而你可能是对的。

学生上课迟到会打断教师上课，对教师来说也无礼，甚至会彻底破坏一节课的氛围。当迟到者慢腾腾地坐到座位上时，你可以尝试着停下说了一半的话。我们都知道，当我们开始上课后，突然教室门打开了，接下来会发生什么。每个学生都会停止看你，转而注视那个迟到的学生，最后才会重新把注意力放到你身上。于是，我也加入到学生当中。这样做非常有效，但这或许也正是你拒绝这样做的理由——会使学生感到很丢人。而我能说的就是，这样做能减少学生未经允许的错误行为。我了解我的学生，因此我只对那些经常迟到和不遵守规则的学生采用这个策略。

策略147：迟到小测验

我的一个同事习惯偶尔使用一下"迟到小测验"的策略，它是指在一节课刚开始时就进行的一种小测验。我知道她曾经在上课铃响以后把一个或两个迟到的学生关在教室门外，而教室里正在进行这种小测验。如果学生迟到了，教室门就会锁上，而迟到者在这样的小测验中就只能得零分。她的学生不知道哪节课前会进行这种测验，因此这样做能让学生准时来上课。

策略148：早起的鸟儿有食吃

如果你和我一样发现一些迟到的学生既具有极大的破坏性又令人厌烦，那么你可以使用积极的正面奖励的方法。我把它叫作"早起的鸟儿有食吃"——你可以给最早进入教室的前五名学生奖励。当然，你只能偶尔采用这个策略，要在学生没有预料到的情况下使用，否则，学生为了得到奖品会疯狂地跑向教室。学生还应该从相同的地方出发去教室，比如都从自助餐厅或体育馆等地方出发去教室。如果让从其他楼出发的学生与从教室隔壁出发的学生比赛，就非常不公平。

策略 149：假想的朋友

这个策略只能用于与你建立了良好关系的班级或了解你的幽默感的学生身上。当教室里有小小的嘈杂声和不断制造出的麻烦时，我就会取笑学生，我假装正在和另一个人说话，这样做的效果非常明显。我会说："我真不明白这些孩子，你呢？我怎么做才能让他们安静下来呢？"学生通常会咯咯地笑，而你则重新控制了课堂。如果我想象一个男孩一边笑一边说"哦，不，洛登女士发疯了"，我也会笑起来的。我要再次强调，你必须了解你的学生，并且要确定学生知道你是在开玩笑。还有一个风险就是这个策略你只能使用一次，如果你过多地使用，恐怕就会有关于你的精神出问题了的谣言。

策略 150：一天一个词

这个策略非常有趣。它既可以教学生词汇表中的单词，又可以使课堂很快地安静下来。这个策略就是每天学一个词。早晨，把这个词写在公告板上，并向学生解释这个词的意思，然后，由这个词过渡到你的课。在课上，无论何时，只要你提到这个词，学生就必须做出相应的回应。提到这个词的最佳时间就是有学生走神的时候。学生的回应可以各种各样，年幼的学生可以把手指放到嘴唇边或拍掌，而年长的学生可以采用举手的方式。无论采用何种方式，最终的结果都一样，就是使班级尽快安静了下来，并强化学习了这个新词语。

策略 151：休息时间

我们都知道对于年幼的孩子来说，一天中最快乐的时间就是休息时间。可以尝试把休息（R-E-C-E-S-S）这个词的每个字母都用大写写在公告板上，并向学生解释每个字母都代表一定的休息时间，这个休息时间就是他们可以在操场玩的时间或在体育馆活动的时间，总之是玩得很开心的时间。如果休息时间是30分钟，学生知道如果老师擦掉一个字母就表示他们失去了5分钟的游玩时间。如果学生在上课时宁愿玩也不写作业，那么你就要让他们明白他们正在浪费自己的休息时间，你可以把字母擦到只剩一个。这是一种很好的视觉提醒方式，并且通常都很有效果。

第十三章　了解你的学生

策略 152：班级的内在动力

要小心谨慎地面对班级的内在动力。给不同的班级上同样内容的课，效果往往会截然不同。教师往往要花好几周的时间才能了解班级的内在动力，与学生配合默契。我曾经把一个班级的学生分成5人一个小组，成功地在这个班级开展了小组合作学习，但在另一个班级尝试的时候失败了，因为我没有意识到第二小组的成员之间正在闹矛盾。通常情况下，你给一个比较传统的班级讲一个笑话会产生预期的笑声；但如果换一个班级，学生的反应可能会过于强烈，喧闹到忘乎所以的地步，这一切似乎使你产生了错觉，觉得自己很有潜力成为一个优秀的滑稽演员。但事实是，这些学生只不过想通过故意喧闹让人感觉不愉快而已。

策略 153：劳动分工

一位教师总是有一两个学生当他的右手（噢，我这样说给那些习惯用左手的人制造了麻烦）。总是有学生冲我大喊说教室里的桌椅乱七八糟的，随后他们就会自己主动去整理好。但是，在绝对公平的状况下，一个班级应该有平等的劳动分工。我建议你制作一张表格，把班级里所有的事务都罗列在上面，事务范围要很广，可以从供差遣的事情到清空转笔器的垃圾等这些小事。我首先招募志愿者，然后随机挑选这些志愿者去承担那些非指派的事务。大约一个月之后，学生承担的事务就要变化一次。每个学生都必须有自己负责任的事务，而你也要确保不让某个人承担过重的任务，也不能让一个人过于轻松而逃避责任。不要总是给女生整理的事务，而给男生搬运的任务，女生也可以搬运垃圾，而男生也可以整理桌椅。像这样不按照性别差异去分配事务是非常好的主意，这样学生就习惯于扮演无性别差异的角色了。

策略154：不要上演"我抓住你了"的把戏

哦，你发现小埃琳娜正在说话，没有集中注意力听你上课。现在，你就有机会把她叫起来，并要求她回答你刚才提的问题，其实你知道她根本没有听到那个问题，这样一来，你就可以让全班同学都看到，上课说话是一件多么得不偿失的事情。那么，对这个学生而言，这是一个很好的教训吗？根本不是！这样只会让她感觉很丢脸，而你这样做也会被认为是恶意的。同时，你还给学生树立了一个坏榜样，并严重破坏了你在班级里辛辛苦苦营造起来的安全氛围。如果这个学生真的上课走神了，那么你必须提醒她集中注意力，这样做可能会让学生感觉有点尴尬，但至少不会让学生感觉丢脸。被教师直接提醒保持安静总比被逼问得哑口无言要好得多。

策略 155：具有欺骗性的外表

作为一名讲解"偏见意识"的教师，我很清楚地知道，我们往往喜欢以貌取人，比如，根据别人的穿着、举止或者习惯就对这个人做评判。我曾经遇到过身形高大的男生和外表凶恶的女生，他们的举手投足间极富挑战意味。我是否受到过他们的胁迫呢？当然有！但根据我这么多年的经验来看，外表根本不能说明什么。长相凶恶的学生很多时候恰恰是最温柔甜美的，只不过他们走路的姿势看起来像个恶棍而已；当然，反之亦然。一个戴着角质眼镜、长相可爱的小男生选择坐在讲台附近，你或许会认为他是个听话的学生，但事情恰恰相反，他之所以选择这个座位仅仅是因为在这个座位上更容易折磨你。因此，不要养成根据学生的外表进行判断的思维定式，很多时候，学生或许只想和同伴说说话，结果，这样的行为完全被教师误解了。

策略 156：学生也有心情不好的时候

请仔细解读学生的肢体语言。有时候，当一个学生走进教室，懒散地坐在位子上，她的眼睛可能流露出悲哀的眼神，这时，你就可以感觉出她今天心情不好。在这种情况下，我通常会小声地与这个学生说话，并问她感觉如何。我常常用这种方式开口："我并不想打扰你……"我教的学生大部分都居住在纽约的福利旅馆里，我发现他们有一半的时间都无法入睡，因为他们要尽力维持自己的生计。我希望教师之间互相交流这类信息，这样一来，这些学生在班级里就会感觉比较有安全感。在我的课堂上，我经常允许学生睡觉甚至缺课，当然，我会要求他们把自己所缺的课补上，这样，我也不得不放学后留在学校帮助学生补课。

策略 157：以消极方式引起别人注意的学生

许多年前，有一次我的钱包丢了。当我在教室里一排一排地查找的时候，我告诉自己要尽量保持平静，一定不要慌。这时，我发现在托德的课桌外挂着我钱包的一截带子，这一幕让我既震惊又沮丧。他偷了我的钱包，但还不够精明，没能掩盖住他的罪行——或者说难道真的是他吗？他是一个非常聪明的小男孩啊！但正是因为他的这个行为，他不得不在放学后被留在学校，而且他的父母也被叫到学校来，这样一来，他成了被关注的焦点。而我注意到，他好像很享受这样的待遇。

后来，我还遇到过类似的事件，当然并没有这件事情这么极端。执教很多年后，我逐渐明白了一些学生为了得到关注不惜做任何事情，甚至使自己陷入困境也在所不惜。如果你也遇到了这样的学生，我建议你把这个孩子送到辅导员那里，但是只要有可能，你就该用积极的方式满足他们那种希望被人关注的渴望。

策略 158：好孩子也会做错事

我们必须谨慎，不要随意地说一个孩子是"坏孩子"，除非你班里真的有反社会的人，否则你是不会遇到真正意义上的坏孩子的，你遇到的只是某个做了错事的孩子。这时，你应该关注孩子的错误行为，而不是这个孩子的本质。你只需告诉孩子他的行为是不恰当的，而不要让孩子认为你相信他是一个坏孩子。好人也会犯错误，我希望每一个"陷入困境"的孩子背后都有人鼓励他，告诉他其实他本质上是一个好孩子——我希望教师就是这类在背后支持孩子的人。

策略 159：用不同的标准要求不同的学生

我的校长比·拉米雷斯曾经告诉我，用不同的标准去要求不同的学生是可行的。

曾经有个学生因为严重扰乱班级纪律，结果被所在的班级赶了出来，于是他被安排在校长办公室帮助校长装一大堆将要邮寄的信封。一开始我觉得这样做简直就是奖励给这个孩子一项非常有趣的任务，同时也破坏了教师的权威。但拉米雷斯女士则指出，这个孩子安静地坐在那里同样是在完成"任务"，如果有学生摔坏了腿而不能参加体育运动，那么他同样可以坐在这里装信封。

这个破坏纪律的学生其实也受到了伤害。因此，她让这个孩子到自己的办公室里和自己一起工作，等到这个学生的情绪放松下来再把他送回教室。

从中我们能得到哪些教训或启发呢？我们似乎给予肢体残障学生的同情远远超过了精神有障碍的学生，好好考虑这个问题吧！

策略 160：不做就不会有失败

如果你教授的科目有学生不及格，不要简单地接受这个事实，而应当挖掘事实背后可能的原因：或许是因为这个科目太难了，或许是因为这个学生有不良的学习习惯或不愿意学习这个科目，或许是因为电脑游戏和电视的吸引力大大超过了课本的魅力，等等。

我发现了另一种普遍存在的模式：你是否曾经很害怕考试，结果你就彻底不学习直至考试不及格？我就遇到过这样的学生，因为他们害怕考试索性在考试前什么都不做了。如果一个学生一点都不学习，那么到考试失败的时候，她就可以自圆其说，认为失败是因为自己根本就没有学习——而不是因为自己笨。如果你根本就没有跑，你在赛跑中就不会落败；同样，如果你根本就没有学习，你也就不会觉得自己是一个失败者。这样一来，即使失败了也能保住颜面，因为这样的解释符合逻辑推理。

教师可以从家长那里了解信息，掌握学生在家是否在学习。家长也应该特别关注这类问题，并帮助孩子学习，直到孩子重新树立学习的信心。

策略 161：过于推崇体育运动

体育运动对一个人的身心发展起着非常重要的作用，但是，人们总是过分强调体育运动，男孩（比女孩更甚）如果不喜欢体育运动或没能成为运动健将，那么人们就会觉得他是不是哪个地方出了毛病。我们必须让男孩们明白体育运动并不是唯一的终极目标，除了体育还有其他好多领域，在这些领域里他们也有机会胜过别人。同样地，如果女孩们对体育运动感兴趣，那么我们也应该鼓励她们积极参与。

策略 162："我们真能心想事成吗？"

多数时候，教师都会很笼统地对学生说，只要他们真正努力了，他们的任何梦想都会成真。然而，那些一再努力又一再失败，始终无法达成自己目标的学生又该怎么办呢？一个有着严重学习障碍的女孩想成为一名医生，而一名资质平平的运动员想成为棒球场上的游击手，对这些人来说，他们都需要认清现实。作为一名教师，我认为，当你了解到学生的梦想不切实际，而你还在鼓励他们，你的做法就是不负责的表现。同样，我也不推崇那种过分残忍的诚实，我会努力引导学生，使他们朝着比较现实的目标努力。

还需要强调的是，我们应该经常鼓励学生保持梦想，只不过，我们应该让学生知道，如果"A计划"无法实现的时候，事先准备一个"B计划"是多么重要。相反，不要让那些每次在标准化测验中都失败的孩子过度自责，不要让他们认为自己是失败者，他们只是需要做一些现状分析，以便释放他们低落的情绪。

策略163：听觉偏好，还是视觉偏好？

我的一个朋友给我读了一篇文章，该文具体介绍了她在地方学院学习的一门课程。她读完以后问我对此有何看法，而我必须拿来这篇文章自己再看一遍，才能对她说出我的看法。你看，我就是一个视觉偏好的学习者，而学生中大多数人也是视觉偏好的学习者。还有一些人在阅读概念时遇到困难，但只要你用口头语言解释给他们听，他们又很容易理解概念的意义。因此，对你来说，了解学生学习方式的偏好有助于教学。

有个好方法能帮助你了解学生的学习偏好，首先让全班学生默读几篇文章，然后请学生自愿站起来大声朗读这几篇文章。很多时候，如果让学生在默读之前先大声地朗读，那么学生对自己究竟读了些什么一点感觉都没有。

策略164：检查学生的感官

当一个学生存在阅读困难的时候，请你优先考虑这个学生是否存在视力方面的问题，而不是武断地判定这个学生有学习障碍。如果一个学生不断地要求你重复问题，请你不要认为他是在拖延时间——他可能是听力不太好。当学生看书时，请你注意观察学生，留意是否有学生在阅读书面材料时存在问题。你可能会惊异地发现，居然有很多学生噼里啪啦地胡乱翻书，因为没人注意到他们存在的视觉或听觉方面的损伤。我希望教师能仔细地观察并关注这样的学生，并帮助他们佩戴所需要的眼镜或助听器……对教师来说，让学生愿意戴眼镜或助听器可能是个更大的挑战。

策略165：尊重学生的隐私

很多时候，教师很想知道一些学生不愿意告诉老师的事情。我曾经听到有些教师用甜言蜜语哄骗学生告诉他们一些事情，而这些事情其实教师无权过问，即便在多数情况下教师是出于一片好心。很多时候，你会觉得学生似乎对你有所保留，而你的这种感觉有可能是对的。无论如何，如果学生告诉你一切都很正常，或者不想和你谈论他们所遇到的麻烦，就随便他们吧，毕竟个人隐私是需要被尊重的。你只需提醒学生，只要他们需要，随时都可以来找你，然后，你就放开他们好了。

策略166：秘密就是秘密，除非……

在你的职业生涯中，有时会碰到这样的情况，学生很信任你，告诉你一些事情，并要你许诺为其保守秘密。绝对不要对学生有这样的承诺——因为你很有可能没法替她保守秘密。记住，你既不是治疗专家也不是医生，因此，如果你了解到了会对学生的身心健康造成损害的信息，你就没有义务为学生保守这类秘密。曾经有学生告诉我他们对关于自杀、虐待、性暴力、药物滥用（无论是个人还是整个家庭）以及意外怀孕等方面的感受。尽管你和学生之间可以分享很多秘密，但以上提到的这些秘密并不属于这个范畴。你要诚实地向学生解释，你必须把这类信息报告给相关的主管部门。曾经有学生认为我这样做背叛了他们，这种感觉真的非常糟糕，当时他们只认定这是背叛行为而不认为是对他们的拯救。

就在前几年，我遇到一个遭受虐待的女孩，由于我把她的情况报告给有关部门，她就再也不肯跟我说话了。两年后，当我再次遇到她的时候，让我惊奇的是，她居然给我一个紧紧的拥抱，抱得我差点喘不过气来。这时候她已经成为一个充满自信且有活力的年轻人，你猜猜接下来发生了什么事情？她竟然认为这一切都是我的功劳。当然，其实她之所以能够成为现在的她，主要还应归功于后来和她长期住在一起的养母。

策略 167：忽略传闻

如果其他教师听说你班里有一些比较特殊的学生，那么他们无一例外地会对你表示深切的同情。这些学生人还没到校，但他们的名声已经传入你的耳朵了。于是，你静候他们的到来，并能预料到他们的到来将引发一场巨大的灾难，这时候你会发现只有祈祷才能救自己。很多时候，这些学生的表现确实如你所料；但更多的时候，如果你没有听信关于他们的传闻，那么你会觉得和他们相处也是一件很容易的事情。

作为教师，我们并不会完全一样地对待每一个学生，我们会比较喜欢其中的一部分人，而可能（尽管我们不应该这样）也会很快地厌烦某些学生。好吧，从学生的角度来思考也一样，学生同样也不会完全一样地对待每一个教师，你或许碰巧是他们喜欢并尊敬的教师而已，但千万不要想当然地认为就该是这样。

策略 168: 宽容与过分宽容

宽容意味着要用接受的态度对待学生身上那些孩子气的行为。知道年龄较小的学生究竟能坐多长时间，这表明你很尊重孩子的年龄特征。6岁的学生可能会因为教师话语中偶然提到的"傻子"这个词就笑得满地打滚，为什么会这样呢？因为他们只有6岁而已。而十几岁的孩子一听到有关青春期的话题就会发笑，这又是为什么呢？原因也在于他们正处于十几岁这个年龄阶段。

但过分宽容又是另一回事了。如果过分宽容某些行为，那就意味着允许学生出现不合适的行为表现，而这些行为表现又会滋生出新的要求，同时也鼓励了学生的某些消极行为。如果一开始你就允许学生悠闲懒散地走进教室，那么随着时间的推移，当有一天学生居然等到下课铃响才进来时，你千万不要觉得惊讶。如果不对学生的行为加以约束和限制，就会产生类似这样的消极行为。教师应该知道宽容和过分宽容二者之间的区别，而且应该告诉学生这些区别。

策略 169：文化差异

刚开始教书的时候，我班上有个小男生言行粗鲁，于是我严厉地批评教育了他。但是在我教育他的时候，他竟然连正眼也不瞧我一眼，这大大地激怒了我。我不记得他来自于中美洲的哪个国家，但他曾经接受过这样的教育，即直视教师的眼睛是一种很不尊重教师的表现——低眉顺眼才是尊重教师的表现。与此同时，一个亚洲学生也告诉我直视他人是无礼的行为，是一种挑战教师权威的表现。看来，这两个学生有着相同的文化背景。

了解、接受和欣赏文化差异可以防止出现严重的误解，你还可以向校长建议在教职工大会上专门探讨这个话题，尤其是当你所在的学校本身就存在这种多元文化时，这个话题就更值得探讨了。如果你所教的班里也存在这种多元文化，那么你就要抓住这样的机会，让来自不同文化背景的学生给全班同学讲讲各自的文化特色，分享彼此的文化差异。

我的一个朋友还建议，教多元文化班级的教师可以适当地学习一些学生母语里的常用语句。这样一来，不但学生感觉更为轻松，而且一旦教师用不标准的发音说他们的母语，学生还会为此发笑。（如果学生因此而笑话你，千万不要认为学生是在冒犯你，这样做确实可以帮助学生树立自信心，因为学生知道了原来教师也有不会的东西。）

策略 170：学生在家使用哪种语言？

在我们这个多元化的社会里，越来越多的学生属于移民生下的第一代，因此，在开学初就问学生在家使用哪种语言不失为一个好方法。有时候，我们在与学生家长交流时发现家长根本就不理解我们在说什么。如果你事先知道这个问题，就可以找一个人（通常情况下，你不希望这个人是你的学生）来翻译和解释。这件事应该由教师先做出比较积极的姿态，因为教师已经学会了几句学生常用的母语，这会让家长感觉比较舒服，减少了难为情。在交流的过程中，家长脸上往往会带着温暖的微笑，因为他们发现教师正努力地用他们的母语跟他们交谈，而这样做反过来也会鼓励家长努力用官方语言与教师沟通。

策略 171：质量，而不是数量

你只要求学生写一篇1页纸的文章，但有个学生交上来一份长达12页且写得工工整整的文章。不过，等你阅读完之后，你却不喜欢这篇文章，这时你的感觉该有多糟糕啊！很多孩子都认为，自己写得越多就越能得到老师的肯定和表扬。因此，你必须向学生强调质量比数量更重要。我曾经在批改一份150字的作业时忍不住笑了起来，因为我发现在学生作业空白的地方标了一些很小的数字，这是他们用来数字数的。我之所以发笑，是因为我记得我自己也曾经这样干过，那时我认为我的老师会仔细地数每一个字。我想现在的孩子仍是如此——认为教师除了数数就没有自己的生活了！当然，到了现代，这种数字数的方式只适用于当堂作业了，因为电脑早已经有了统计字数的功能。

策略 172：混淆了字迹工整和认真负责之间的区别

当学生交上来字迹工整如打印一般的作业，我们往往会认为学生是花了很大工夫才完成的。尽管多数时候事实的确如此，但教师头脑里不应该有这样的预设。相反，教师也不能因此就贬低字迹潦草的作业，因为作业里那些难以辨认的字迹往往是学生自己确实没有能力订正。尽管我鼓励所有的学生都认认真真地书写，但我还是鼓励那些字迹潦草的学生使用文字处理机，如果他们的经济能力能够承受。这样，那些学生不会再因此而丧失信心，同时我的教师工作也会变得轻松一些。

策略 173：把学生的争斗当成一场拳击赛来观看

在我工作的学校里，学生之间的武力打斗实在是太常见了，几乎没有一天是平平安安度过的。一开始我以为学生之所以争斗是为了炫耀自己有多强壮，但几年之后，我终于认识到，其实并不是争斗的双方真的愿意打斗，而是站在安全地带的学生想看他们打架。我曾经亲眼目睹一群学生故意把两个学生推撞到一起，就是希望这两个人因此而进行一场精彩的打斗。我还听到过学生鼓动别人打架的言语,确实很有煽动性,连我听了都摩拳擦掌想加入了。学生会使用各种策略来挑拨争斗的双方让他们大打出手。

当我遇到这种情况时,我会把剑拔弩张的双方叫到一起,给他们指出,别人正是希望看到他们打架流血,而他们那些所谓的"朋友"是不会出来劝架的,直至他们中有一个人受伤。(在这一点上我总是讲得活灵活现的。)很明显,在这种争斗里,十有八九争斗的双方都不想打架,因此我会先批评那些旁观者以便给争斗的双方一个台阶下,这样争斗的双方很快就和解散开了,因为他们意识到老师在给他们台阶下。

策略 174:一吐为快的 1 分钟

这条策略只能起一时之效,因为它只能用于快速地解决暂时性的问题,不能解决深层次的、反复出现的问题,但教师还是可以一试并小心谨慎地运用它。

如果我把学生单独叫到办公室,而这个学生和我独处时表现得非常紧张,那么我通常会给学生提供一个实现他们梦想的机会——那就是,我给学生提供一个她想说什么就说什么的机会,而且承诺无论她说了什么,事后我都不会因此而惩罚她。唯一的缺憾就是学生倾诉的时间只有60秒,不过也是可以将她的烦恼一吐为快的。对于我的提议,学生最初的反应都是"啊?我说什么都可以吗?",于是我会进一步给他们解释,这是不受打扰的1分钟,在这1分钟内无论说什么都不会被打击报复。结果经常会出现这样一种局面,学生开始抱怨、发牢骚,说你是整个星球上最坏的老师,等等,但当你说"好了,时间到"时,双方往往同时哈哈一笑,所有的烦恼都烟消云散。

第四部分

表明你与学生同属一个团队

在这部分内容里,我讲述了自己最喜欢的一些策略,这些策略有利于创建一个舒适的课堂环境,同时还能强化你与学生同属于一个团队的概念。在舒适的课堂环境里,我们每个人都应当感觉很安全。因为学生不得不与教师、家长和同学打交道,他们必须进入这个世界,面对各种挑战,所以,作为一名教师,我会把"洛登的人生经验"教给学生。关于这些内容,我将在后面的章节中进行深入的阐述,但从本质上讲,这些经验都有助于学生比较容易地面对人生,不过,是否采纳这些经验完全取决于学生自己。

在我的课堂里,我与学生分享很多东西。学生们能够如此敞开心扉——不是因为我很出色,而是因为我不是他们的家长!我不对他们做出评判,我也没有权力克扣他们的零花钱或剥夺他们打电话的权利。因此,对于他们来说,我是安全、可靠的,其实,你们也应该做到这样!

第十四章　像专家一样与学生进行沟通

策略 175：认同学生的感受

学生，特别是那些十几岁的学生，经常会跑来找你，因为他们感觉自己遇到了惊天动地的大问题。在多数情况下，这些问题确实比较严重，但也有的时候，这些问题本质上并没有那么可怕。你可以倾听学生的倾诉，了解学生的感受，但不要对学生说，他们这样的担心实在是太愚蠢了，或者说他们遇到的所谓"危机"其实并不重要。当我听到一个女孩因为男友与她分手而哭泣的时候，我知道她非常伤心，当时，她真的认为自己再也不会爱上任何人了，并且准备因此遁世做修女。如果我当时劝解她，告诉她以后还会有更多的男朋友，而现在只是她的"早恋"罢了，这样做当然很容易，但对于一个十几岁的孩子来说，这次失恋的痛苦是非常真实的，把这件事情当作平常事处理绝对不是她想要的。你应该认同她的感受，并告诉她你知道她现在很痛苦，但你相信她最终会从痛苦中解脱出来，如果她需要你，可以随时来找你，你一直都在她的身边。

策略176：永远不要否认学生的感觉

我记得一个学生抱怨她的老师，说她的老师只对她一个人挑剔。我下意识地随口反应道："对啊，凯西，就是只对你一个。"但这样的回应只会让她更加疏远我，并采取防御的态度。而如果我这样回应："我知道感觉老师只针对你自己确实很糟糕，不过你为什么认为老师只针对你呢？"这样她就相信我是理解她的，然后我们就可以进一步谈话了，在谈话中我可以引导她从更宽广的视角去看待这个问题。

虽然我前面已经说过，但我还想再提醒你一次：我们的感觉就是我们认为的事实。你是否曾经感觉到某个人不喜欢你，而其他人则因此嘲笑你很愚蠢？实际上，一个人并不需要嘲笑者，而是需要那些能够承认自己感觉的人，需要那些人的安慰。

策略177：利用"我"来传达信息

我曾经接受过冲突调停方面的培训，其中最有效的一条策略就是利用"我"来传达信息。从本质上讲，这条策略就是指在不批评学生的前提下与学生沟通，提出你的期望、要求和关注的事情。不要这样说："你在这里一点都没有学进去，你会不及格的。"相反，你应该说："我觉得你在学习上落后于别人了，我担心这样下去你可能会不及格。"我甚至曾经对一个学生说，我感觉她不喜欢我的课，并问她我怎样做才能使我们共同度过的一学年变得更加愉快。从那以后，她的行为发生了改变。我相信，她一开始确实没有意识到我也是有感情的，也会受到伤害，看来，一定程度上的诚实也是一种强有力的黏合剂。

策略178：用"让我们"来代替"你们"

如果我去看医生，医生对我说："今天我们感觉如何？"听到这话，我恐怕在那里根本就待不下去。同样地，如果服务生问我："嗨，今天我们想吃些什么？"我恐怕也会很恼火。但如果是在课堂上，把你自己当作学生团队中的一员恐怕会更好，因为这样做确实有利于建立你和学生属于"同一团队"的概念。比如，"让我们拿出课本"比"拿出你们的课本"要好，"我们可以怎样续写这个故事"比"你们可以怎样续写这个故事"听起来更让人感觉舒服。

策略179：交替使用性别代词

在成长的过程中，我一直认为每次描述的人都是男的，除非有特别的说明，而我的老师也一直用他来指代所有人（除了芭蕾舞演员、护士、秘书和"女"医生）。英语中应该包括两种性别指代的代词，因为年龄比较小的学生无法理解这样的类属语言，他们只会从字面上去理解，并内化他们所听到的内容。于是，如果男生从来没有听到过用"他"来指代护士，或女生从来没有听到过用"她"来指代科学家，就等于人为地为学生规定好了特定的性别角色，使他们认为自己不能承担某些角色。

有一年，一个7年级的学生向我坦白，当他还是小男孩的时候，他总觉得女孩比较幸运，因为女孩不用担心被食人鲨鱼（man-eating sharks，这里的"man"是男性代词。——译者注）吃掉。这个典型的例子说明年龄较小的孩子都是从字面上去理解词的意思的。

你还会发现在整本书里，我都交替使用男性和女性的代词。你也许也意识到了，使用"她"这个代词看起来似乎很显眼。希望有一天我们不再需要注意这样的问题了。

策略180：限制使用"你应该"

最近，我女儿来看我的时候，我不断地对她说，她应该剪头发了，她应该给学生上这样一堂课，她应该……她应该……她应该……结果，她用一种最机智的方式委婉地建议我尝试着不要频繁地使用"你应该"这样的话。她说这也是她成为教师后才逐渐意识到的。她不会直接告诉学生他应该用这种方式写，相反，她会说"你有没有想过用另外一种方式写呢？"或者"你或许可以试着这样写"。这条策略其实就是将选择的权力赋予学生。

（顺便提一句，我问女儿是否"考虑"换个短点的发型，结果她的头发还是那么长。可见，这条策略的效果也就仅此而已。）

策略 181：一对一

不管是什么年龄段的孩子，只要老师对着他们大喊大叫使其陷入窘迫之境，就会给师生双方带来痛苦。而在课后或放学后与学生进行一对一的谈话将会产生意想不到的良好效果。因为学生不会看到有人对他幸灾乐祸，你也不必在全班学生面前显示你有多强硬。那时，你可以和学生一起谈谈与学校无关的事情，同时也可以向学生吐露自己的委屈，你甚至还可以问学生她认为你为什么找她谈话，这样可以为你提供一些好的启示。

偶尔，我甚至会打电话找学生谈话。很多时候，通过电话——这种无生命的物体——进行谈话，反而是师生共同探讨问题的良好方式。有时候这种谈话非常顺利，但有的时候这样的谈话也会出现停顿，只听见电话机里的噪音。因此，在打电话前要事先准备好你想说的，但也不要过度准备，因为到时候你还要听学生说些什么并做出相应的回应。你们的谈话既依赖于你事先的准备，也依赖于学生当时的反应。总之，在打电话之前你要确保"你已经了解了学生"，你的目标就是要保证双方都不存在不良情绪。

策略 182：如何倾听

我们是否都看过这样的情景，一个学生在教师面前挥动着双手想要申辩却不断地被阻止？因为学生无法插话，我们在那时就只能听见这个可怜的学生温顺地说，"但是，但是，但是……"

我敢肯定大家都赞同这样的观点，为了公平起见，我们应该倾听学生的意见。我并不是说要给学生同等的时间——尽管我认为应该这样——但我们至少应该尊重学生的意见，适当考虑学生的观点。在这里，我为大家提供一些倾听的策略。

当学生对你说话的时候，请注意你的肢体语言。你应该看着这个说话的学生——而不是盯着自己的办公桌。时不时地发出"啊哈"声或点头都能够使对方感觉你正认真地听他说话。另外，你还可以就他所说的内容提个问题。

偶尔会有学生因为压力问题来找我谈话，我会要求学生搬来椅子坐在我的旁边或对面，最好的方式是大家都坐在学生的课桌旁，因为师生都坐在教师讲桌的一边或学生坐着而教师站着，这些方式不能引起舒适的交流。

策略183：彻底地实行约束而不是部分地约束

我们必须小心谨慎地对待约束问题。是否还记得"得寸进尺"的古老谚语？如果你规定任何未经允许的迟到都必须承担相应的后果，那么这就是规则。一旦确立了这样的规则，即使学生只迟到三四分钟也是不被允许的。

我绝不允许学生在课堂上嚼口香糖。曾经有学生向我提要求，请我允许他们嚼口香糖，而相应的规则就是如果嚼口香糖发出了扰人的噪声,那么所有人就必须把口香糖吐出来。我答应进一步和他们协商此事,结果发现那是多么可怕的一场噩梦啊!我不断地听到口香糖泡泡破裂发出的声音,于是我说:"好了,不准再嚼口香糖了。"结果所有的学生都抗议,并请求我再给他们一次机会。我由此得到了教训,如果彻底而严格地实行我制定好的规则,那么根本就不会造成这样的冲突局面。记住,我们的目标是避免冲突,那么我们就应该明确地表明自己的要求,从而实现这个目标。

规则不是灵活多变的部分约束,规则就是规则,要全面彻底地实行。

策略184:就规则论规则,不涉及人格尊严

教师应该用不涉及任何人格指向的方式来表达规则,这样你所关注的就是规则本身,而不是学生。当我听到教师说"你怎么啦?你就不能遵守规则吗?"等诸如此类的话时,我总会感觉很不安,因为:我们这样说还怎能指望学生不做出防御性的反应行为呢?

如果有人在课堂上戴帽子,我们只需要提醒他课堂规则是"上课不准戴帽子",这样根本就不会有任何冲突产生。仅此而已,争论结束了!(或许有更好的局面——那就是根本没有出现争论!)

策略185:含糊其辞地表达

含糊其辞或不清楚地表达最容易使人迷惑不解,也更容易引发冲突。

很多时候，我们会无意识地脱口而出这样的话："你做事要符合你的年龄特征"，"停止这种愚蠢的行为吧"，等等。像这样的表达只会换来对方愤怒的回应，因此我们说话必须有针对性。"做事要符合你的年龄特征"对9岁的孩子（或者对99岁的人）来说没有任何意义，应当明确地说明你想表达的意思，比如"我希望你不要和菲比说话，自己安静地看书"。如果你这样清晰并富有针对性地表达你的意思，就更能使对方按照你的要求去做。

策略186：描述你所看到的（或没有看到的）

我们都知道，为了避免冲突，不应该用懒惰、粗心或太坏等定性评价语来描述学生，相反，我们应该不受以往评价的影响客观地描述自己所看到的真实情况。比如"弗思，我们要求完成3页作业，但我只看到你完成了1页"或者"艾伦，我没有看到你应该完成的作业"。点名批评只会引发学生的抗拒心理，而客观地描述所见到的事实则可以避免这样的冲突。

策略187：精选一条规则并严格执行

这是一条无价的策略，它能从根本上改变人的观念。很多时候，我们对违规的学生只会施加凶恶、空洞的威胁，当然我必须承认对此我并没有罪恶感，只不过我现在发现了一条可以更好地改变人的观念的策略。

为了建立规范,我选择了一条自认为神圣不可侵犯的规则——未经允许而随意迟到会被扣分的规则,对这样的迟到我深恶痛绝——并不断地强化这条规则。迟到者会分散全班同学的注意力,表现出对我们所有人以及课堂的不尊重。我告诉学生,我乐意接受由于前面教师的原因而导致的迟到,但如果我发现他们是故意到处溜达而不按时来上课,那么我就要处罚他们。每个迟到者将被扣掉1分,并且无论他们做什么也没法弥补上这1分,当学期结束我们进行协议评分(具体参见"策略92:评分协议")的时候,我会汇总学生的迟到情况,并将应扣除的分数加起来,从最后的总分里扣除。

我曾经遇到过这样的情况,一个学生的学业总分是70分,但因为迟到还必须扣除15分。这样,这个学生就不及格了,而且他除了责怪自己以外还怪不得别人。学生看到了迟到所带来的严重后果,我也赢得了"说到做到"的好名声。(当然,如果你的学校不允许你这样处罚迟到者,那么你可以选择加强其他规则。)

有一次,我正准备开始讲一堂性教育课,所有的学生都知道上这门课不允许迟到。结果在上课铃快响起来的时候,我听到迈克尔冲着他的朋友大声嚷嚷:"我不能迟到!"他还解释说:"现在我和洛登要讲有关性的事情!"谢天谢地,这样的话可不是出自于我们的课本!于是我们哄堂大笑,但迈克尔总算没有迟到。

有些学生索性就不来上课,并且希望教师以为他们是因为当天没来而缺课的。对此,你可以警告学生,如果是迟到仅仅扣1分,但如果是故意旷课,那么相应的处罚将会更严厉、苛刻。此外,我还要特意强调一下保持学生出勤记录的重要性。

策略188：简明扼要地说话——一个词或一句话就足够了

哦，想想吧，你有没有发现你也曾经仔细地向学生解释为什么必须完成作业？这样的解释让人厌烦，我们曾经在自己的父母和教师那里听到过，当时我们也很厌烦这样的长篇大论，但现在我们做着同样的事情。如果你已经在这样做了，那么赶快控制自己，其实你只需要告诉学生你的具体要求就可以了——事情到此就结束了！

我的同事在教室里举行了一场晚会，晚会散场的时候一个女孩把薯片落在课桌里了。这位教师看到后就找这个女孩谈话，说这些食物会引来蟑螂，吃这些食物不仅会影响健康，而且是一种很不好的习惯，等等。后来，这个学生跑来跟我抱怨说："他只要明白地告诉我把薯片扔掉就可以了——这样我在1秒钟内就能做完。其实我根本就不知道我课桌里还有薯片。"

策略189：敲击课桌的学生

我们都遇到过用手指敲击课桌的学生，大家也都知道接下来会发生什么。当你正在讲课，突然听到有学生在有节奏地敲击课桌，听着这样的节奏连你几乎都想翩翩起舞了，师生都无法再把注意力集中在课程上。然而事实是，这些敲桌子的学生大部分都没有意识到自己的敲击动作,因此教师能做的就是面带微笑地告诉学生:"利兹,你在敲课桌呢。"经过提醒,她会立刻停止。你也可以什么也不说,只是看着学生,同时把自己的双手握在一起,这时这个学生也会学你的样子把手握起来,敲击自然就停止了。当然,我也遇到过这种方法不奏效的情况。(不过我应当告诉大家,我不止一次遇到过这种情况,那就是在老师提醒后学生又开始无意识地敲打了。如果我不说明一下,那我就是在说谎了。)

策略 190:你会用这种方式和成年人说话吗?

我经常听到教师像对待下人一样对学生说话。如果你正在批评学生,那你可以问问自己,你是否会用现在的这种说话方式去对待成年人?是的,学生并不是成年人,但你在对待未成年人的时候应该更加谨慎小心,为什么你不能慎重地对待你的学生呢?

策略 191:不要预言未来

如果一个3年级的学生上学迟到了1小时,你没必要对他说他会因此而得不到一份好工作,因为他根本不理会这样的问题。相信我,他现在并不关心找工作的事情,因此你的这种提前警告没有任何意义。

当我给9年级的学生讲艾滋病的可怕后果时,学生会觉得这一点也不真实,因为对于15岁的孩子来说,谁会相信自己会因此而死呢?然而,当我用图表的形式向学生讲解性传染病对身体健康所带来的影响时，他们就会发誓一辈子都要远离性生活。

如果我对一个5年级的学生说，她的学习习惯太差了，她会因此而考不上大学的，对此她也不会太在意，因为她现在不关心上大学的事情，她只在为上初中的事情而着急。

因此，教师应当向学生指出他们的行为可能会导致的即时性后果，教师只能预言明天将会发生什么，比如"如果你今天上课迟到的话，明天你就需要放学后留下来补课了"。对学生而言，这才是他们能真实感受到的。

策略192：复述学生的话

这是解决冲突的另一条常用策略，即把你听到的话复述一遍。如果有学生指责你处理事情极其不公平，你可以先重复一遍你听到的学生所说的话。你或许可以这样说："你说我不公平是因为我对你有太多的期望？"学生从你口中再次听到这些言辞，会更容易地理解这些言辞从而促进问题的解决。我们说了一些话，同样的话从别人口中说出的时候，我们却发现听起来似乎很不一样，这样的情况不是很多吗？

策略193：不要混淆了表扬和批评

有一天晚上，我烧了一顿可口的饭菜。于是，我丈夫对我满口称赞，我感觉相当好，直到他忽然说："只要你也能把厨房收拾得干干净净……"接着又是一通表扬……我是个好厨师,但是个名副其实的懒鬼。

在课堂上,我们必须无条件地表扬学生。想一想吧,有多少时候我们这样说:"你看你学得多好,这就证明了如果你不再吊儿郎当的话,你能学得更好。"如果我们就事论事,只简洁明了地表扬学生的学习进步,那不是更好吗?我相信学生知道自己所有的缺点,那为什么还要在他感觉非常自豪的时候又泼给他冷水呢?

策略 194:到底该不该咒骂?

我很少允许学生咒骂,除非这样的咒骂是恰如其分的。例如,在我的"偏见意识"课上,如果有个学生在和大家分享个人经历的时候,嘴里突然冒出了一个不恰当的词语,我会忽略过去,以免影响上课的效果或者学生的情绪。

当然,这一切都由教师决定。学生常常不自觉地蹦出一些咒骂的词语,但他们通常会因此向我道歉。这时我会请他们向在场的每一个人道歉,我想让学生知道不恰当的咒骂实际上是公开侮辱了在场的每一个人,而不仅仅是针对教师。故意打嗝的问题也适用于同样的处理。出于某些未知的原因,打嗝对于"打嗝者"自身而言极其有趣,但对别人而言往往没有什么可乐的。

策略 195：不接受强迫的道歉

很多教师认为，通过强迫学生向应当接受道歉的人道歉可以逐渐地培养孩子的责任心。我经常看到教师或辅导员硬拖着心不甘、情不愿的"罪人"去道歉，这样的情况很多。"芭芭拉，现在就向洛登女士道歉！"于是，芭芭拉耷拉着脑袋，眼睛直勾勾地盯着我的鞋子，嘴里含含糊糊地说着那些教师事先教好的话。

当我拒绝接受芭芭拉的道歉时，所有人都很诧异。我打断芭芭拉的道歉并且告诉她，她可以等到觉得自己应当道歉的时候再来跟我说"对不起"——那个时候她应当是满怀真诚地来向我道歉的。我允许学生把事情发生的经过写下来，如果他们觉得其中存在不公平，就可以明白地说出来——他们也可以什么也不做。

对我而言，强迫的道歉就像被逼的招供一样，它往往使道歉者从真正的后果中解脱出来。

策略 196：双重信息

我一直不知道这算不算一条策略，直到我教的师范生诺姆告诉我说他是多么喜欢这条策略。

一天，我对某个女生相当生气，但在对她表示不满的整个过程中，我都把我的手搭在她的肩膀上。我想我虽然一边以口头的方式告诉她什么事情令我生气，但同时我也通过将手搭在她肩膀上这种方式隐晦地告诉她我们是朋友。如果你觉得触碰学生很不舒服（具体参见"策略247：肢体接触还是不接触？"），也可以选择说一些安抚性的话，这样也能够使双方感觉更加舒适。而温和的微笑或者眨眨眼睛等都能够缓和紧张的局面。切记，满怀怨恨对任何人都没有好处。

策略 197：其他教师会告诉我什么呢？

很多时候学生会到我的办公室指责某些教师，认为他们不公正、有偏见、不道德、太残酷，等等。在和学生交谈并使用了诸如复述、承认学生的感受等策略后，你必须使学生平静下来，看看他们的看法是否过于夸张（具体参见"策略289：勇敢地面对其他同事"）。

我记得埃里克跑到我的办公室，向我抱怨说谢菲老师讨厌男生。他告诉我，谢菲老师总是对男生很挑剔，而对女生则大声赞扬，认为她们很优秀。我问他："如果我去问谢菲老师这件事情，她会对我怎么说呢？"埃里克接着我的话说，谢菲老师肯定会告诉我，他从不做家庭作业，还在教室里乱扔东西。你现在明白是怎么回事了吧？

第十五章 确保公平

策略198：承认你也有犯错的时候

无论你是否相信，教师也有犯错的时候。当然，不仅仅是我自己，其他人也这样认为——因为事实确实如此。

坦诚地讲，如果你犯了错误，你就应该承认它。很多人都认为承认错误是一种懦弱的表现。但对我而言，承认错误不但关系到气势强弱的问题，而且牵涉公平问题。

记得有一次，我把一个很难对付的学生逼得太紧，结果把这个学生激怒了。他先是冲出了教室，后来又返回教室威胁我。教务长听说了这件事后准备让他退学。于是我向教务长请求让我和这个学生私下里再谈谈。在谈话中我向他承认我把他逼得太紧了，而他则谦逊地表示："或许是我反应过度了。"我告诉他，我不想就此事打电话找他的家长，但他必须保证从今以后一辈子都感激我。对于这样的要求，他当然热切地表示赞同。（看来，幽默能使事情变得轻松起来！）后来，在我的课堂上他越来越有责任心，而我也是少数几个和他再也没有发生冲突的教师之一。

策略 199：承认你也有不知道的时候

我花了好多年才明白，教师并不是万能的，他们也有不知道答案的时候。有些教师对此有自己的手段，而我则认为这个手段有点"卑鄙"，即当学生问了教师一个问题，而教师又不知道答案时，这个教师就会说："很好的问题，你为什么不好好研究一下，然后告诉我们答案呢？"现在看起来，这太不诚实了！

你应该告诉学生你也不知道答案，但你很欣赏那些愿意研究并找出答案的学生。如果没有学生自愿寻找答案，那么就应当由你来做，或者通过额外给分的奖励方式把任务分派给学生。没有人能够知晓所有的事情，即使是教师也不例外——尽管有的时候我们表现得似乎什么都知道。

策略 200：永远不要违背诺言

被违背的诺言就好像空洞的威胁，差别在于违背诺言不但会导致不信任，而且会使人备感失望。如果教师违背了诺言，那么学生发出一连串的"这不公平"的抱怨就完全是正当的；如果教师能信守承诺，学生也会跟着信守承诺。

在做出承诺的时候，你需要首先核实实现该承诺的所有条件是否具备。我记得有一次，3年级的一个班级出色地完成了一项任务，为了奖励他们，我答应带他们到游乐场去玩，但是我没有预先查询天气预报，也没有做好万一当天天气恶劣该改成其他活动的准备。或许你猜到了结果：计划好去游乐场的那天天气很糟糕，下雨了，于是我对学生说第二天再带他们去。结果全体学生一致发出了让人难以忍受的哀号，他们跟我争辩道："但你承诺了……"

你知道吗，下雨天坐在公园的秋千上，感觉其实并没有那么坏！

策略201：永远别要求学生做出承诺

如果要你出卖灵魂来换取中了1000万元的彩票，你会动心吗？好啦，要求学生发誓再也不大喊大叫，就如同用灵魂换彩票一样。记住，当学生做出承诺的时候，他是真的想做到，但我们大家都很清楚，这只是个美好的愿望而已。

其实，你只要求学生努力克制住自己不大喊大叫，仅仅发出这样简单的要求就可以了，让学生对每一件事情都郑重其事地发誓其实根本就不起作用。

策略202："现在我心情不好"

不管是你前一个晚上熬夜参加派对，还是你的妻子告诉你她要离开你，或者你的心情没来由地很糟糕，你都应该提前告诉学生这些情况。我心情沉重地来到学校，这时我最不想做的事情就是还要给学生上5节课。但教师工作守则又明白无误地告诉我,我必须完成这些教学任务。

不把自己的情绪发泄在学生身上。教师应当公平点,预先就告诉学生。我就曾经预先告诉学生,我现在心情不好,如果他们能够帮帮我,好好和我配合,那么我会非常感激他们。结果学生们都很惊讶,一般情况下,这个时候如果还有学生行为不端,他们就会群起而攻之。(你也应当让学生知道,在他们心情不好的时候,他们同样可以像这样寻求教师的帮助。)

以前我总是克制自己不告诉学生我心情不好——现在想想这样会不会失去一定的信任呢?

策略203:"这样做我比你更痛心"

还记得吗,当父母惩罚你的时候,他们会说:"这样做我比你更痛心。"对于这句话,我直到自己当了教师才真正理解。在处分行为不良的学生时,我必须显示出坚定果断的样子,并做一些实际上我不想做的事情。因此,教师必须有足够的技巧向学生表明,惩罚并不是教师真正想做的事情。

记得有一回,我策划了一次很有意思的班级活动——去动物园——如果学生能够做到我们约定好的礼貌行为,那么我就把去动物园作为奖励。但是,这个班的学生早就把每个教师折磨得够呛,以至于所有的教师都不想再见到他们了,因此当我做这个去动物园的计划时,面临着一个很大的问题,那就是我怎样才能获得大家的认可,把学生带到动物园去玩;做这个计划的另一个原因就是我自己也很想去动物园。于是我想出了一个比较容易的办法，即给学生一项"任务"，只要他们完成这个任务，就可以弥补以往所做的错事，也就可以去动物园了。但当时的情况是，我不能马上带他们去动物园，原因是：第一，他们没有完成我们的约定；第二，他们的表现辜负了我的信任；第三，也是最重要的一点，他们不尊重其他教师。如果在这样的情况下我还带他们去动物园，那无异于打了其他教师一个耳光。

几个月后，学生的行为表现有了明显的改善，于是我们去了动物园，这是学生们努力争取到的奖励。

策略204：绝不要有"男孩子就应该像男孩子"的思想

在我的"偏见意识"课上，我向学生讲述了大家承认或尚未承认的各种偏见。我们都认为种族歧视是一件可怕的事情，而且这是我们应该承认的问题；我们还花了大量的金钱来消除这种固执的偏见，同样这些措施也是我们应该采取的。但我们很少会因为性别歧视而坐立不安，因为我们甚至都没有意识到我们一直存在这样的偏见；我们可以容忍男孩子不做某些事情，却无法容忍女孩子不做。如果有个女孩子交了一份很邋遢的作业，我们会感觉很不舒服，但我们不会用同样的标准去要求男孩子。如果听到有女孩子骂骂咧咧，我们很自然地就会加以制止，并且告诉她这样做一点也不像个淑女；但如果换成男孩，我们却只会告诉他，如果有女士在场，他不能这样做，否则就不像一个绅士了。其实，任何人都不能骂人——就这样告诉学生就可以了。

如果要公平，我们甚至不应当制止女孩子打男孩子的行为；教师不应当把琐碎的内务工作全部分配给女孩子，而把操作性的、体力方面的工作全都交给男孩子。男孩子和女孩子应当进行角色互换，从而赢得更为公平的课堂氛围和社会氛围（具体参见"策略179：交替使用性别代词"和"策略153：劳动分工"）。

策略205：传统礼节中存在的缺陷

你是不是认为我接下来准备教给男孩子们"女士优先"的基本礼节？想都不要想！在你跟我大讲传统礼俗之前，我先要告诉大家，我们应当以友好而尊重的态度对待所有人。良好的文明礼仪应该教给所有人，如果按照性别来分别教授的话，那么这样的言行就带有性别歧视了。无论是什么性别，先进来的人为什么不能给后面进来的人扶一下门呢？

策略206："请"与"谢谢"等礼貌用语

我发现人们说"请"和"谢谢"这样的礼貌用语的次数还不够多，孩子说得就更少了。教师是学生的榜样，如果你自己经常使用这些礼貌用语，并且鼓励学生多用礼貌用语，或许我们就能够养成文明礼貌的好习惯了。我还记得有一次，我在学生阅读的时候买来饼干并分发给每人一块，结果没有一个人跟我说"谢谢"，于是我不得不打断这个美好而又宁静的阅读氛围，向学生指出这个问题。他们都以为自己已经说过"谢谢",但事实上根本没有人这样做。到第二次分发饼干的时候,学生几乎要用亲吻我的方式表达对我的感谢了。看来,直接向别人指出问题使他们有所认识,这一点非常重要,因为人们往往自认为自己很有礼貌,而事实上他们的言行不但不礼貌,相反还很粗鲁——这条策略同样适用于教师。

策略 207:准确估计家庭作业量

小学教师或一个人包班教学的教师必须特别小心,不要布置过多的家庭作业。如果家庭作业任务过重,会让学生不得不承受未完成作业所带来的惩罚后果。为了公平起见,甚至偶尔也是为了显示一下你的仁慈,你可以让学生拥有"没有家庭作业的一晚"。

到初中分科之后,学生就必须在同一时间内完成5份家庭作业。因此你需要和其他任课教师保持沟通和协商,并告诉学生,如果他们感觉家庭作业量过大可以及时告诉教师。但要小心,有的学生会认为5道数学题的作业量也过大!

第十六章　发展师生之间亲密关系的策略

策略208："我站在你这边"

在我丈夫和当年只有十几岁的女儿之间发生争论的时候，我发现了这条策略。那个时候我只觉得他们之间的争吵简直是惊天动地。

虽然我丈夫极其恼怒，但我听到他说："费利西娅，我是站在你这边的，我是你最忠实的粉丝。"这话听起来是那么地真实，因为这本来就是事实。作为教师，你的学生应当知道你是站在他们这边的，而让他们知道这个事实的最好方法就是直接告诉他们。

在我向学生保证我是站在他们这边的以后，我详细地给他们解释了原因——"如果你们学得很好，我就很开心；如果我必须给你们打不及格的分数，我自己也会很不开心的！"在我的"偏见意识"课上，我们都学会了多用"我们"和"他们"这样的词汇来表达。教师必须确立起这样一种观念，那就是师生都属于同一个团队，学生都要明白教师是他们的同盟，而不是他们的敌人。

策略209：接受作弄——一起傻笑一回

有时候我们会认为自己是坚强的教师，不能放下自己的防御心理，也决不能受人作弄。做人其实是一件很精彩的事情。你可以时不时地让学生知道，教师也可以开玩笑，学生也可以嘲笑教师。

有一次，当我走进教室的时候，感觉到空气里弥漫着一种几乎无法克制的兴奋。我猜测可能是因为学生将要学习如何对一个句子进行语法分析的缘故。但就在那时，我忽然发现竟然有一个会发出怪声的坐垫被放在我的座位上，正等着我一不小心坐上去呢！这时候我有两种选择：一种是勃然大怒，另一种则是做一回被他们捉弄的对象（当然这里有着一语双关的意思）。我选择了后者，在我"扑通"一下坐在垫子上时，我让他们的恶作剧心理得到了小小的满足。但等到坐垫发出了预期的怪声之后，我马上不露声色地冲学生们说道："哦，我的孩子们！非常抱歉。"这时候他们才发现，原来我早就看到这个坐垫了，我是在故意逗他们。于是，我们一起开怀大笑起来。再重申一遍，这主要还是因为我了解我的学生，知道我们之间可以开玩笑。如果面对另一个班的学生，或许我会认为这是卑劣的行径，当然就会有不同的反应。

策略210：告诉学生你的生活经历

很多教师严守自己的私生活，就好像那完全是隐私。当然这是每个人的权利。但另一方面我发现，如果给学生讲一点我自己在学校以外的逸事，那么在他们眼里我才是一个活生生的人。（但千万不要过度，否则你会变成一个让人厌烦的人，同时也会让你的课失去吸引力。）

我永远不会忘记，一个1年级学生在听说我有家庭的时候露出了相当震惊的表情，而另一个学生在知道我的名字的时候竟然傻笑起来。最搞笑的就是他以为他一直都知道我的名字，他是这样叫我的："嗨，女士。"——他还以为"女士"就是我的名字。对于很多学生来说，我们就是教师，教学工作就是我们生活的全部。学生经常会说："让我们了解一下你的生活。"只有你把自己在学校围墙之外的一些故事告诉给学生，他们才会真正相信你也有你的生活。

策略 211：保持中立

作为教师，也作为人（我们的确既是教师又是人，虽然学生认为我们的这两个角色是可以截然分开的），我们往往会有强烈的个人观点。我在讲授"偏见意识"的课程，我自然知道要对问题保持中立观点是件多么困难的事情。如果教师自己有宗教信仰，那么他不可以把自己的这种信仰强加给学生；如果教师认为资本主义是罪恶的，那么他把自己的这种个人政治观点讲给学生同样是不恰当的。教师需要特别小心，如果学生知道你对某个问题的强烈情感倾向，那么他们会因为害怕影响自己的成绩而不敢表达自己的真实观点，相反他们会说一些自认为你想听的话来取悦你。

学生是很敏感的，我们必须知道什么时候我们把自己的价值观强加给学生了。随着学生年龄的增长，可以组织他们讨论有争议的话题，这样的讨论不仅很有用，也非常必要。无论如何，一个好的教师应当能够包容所有的观点，永远不要在学生面前武断地说一种观点比另一种观点好，当然，那种具有破坏性的、不健康的观点除外。

策略 212：特殊的几分钟

请做好准备，总会有这样的学生，他们因为某些错误的行为方式而与你产生摩擦。你就是不喜欢这样的学生，因为他们可能不停地抱怨、大声地说笑、过度地炫耀，等等。虽然在你的内心深处，你也会因为自己对学生有这样的感受而感到羞耻。千万不要这样！

尽管喜欢一些人而不喜欢另一些人是人之常情，但教师还是必须避免过分明显地显露出自己的偏好。

无论如何，为了确保不显露出个人的偏好，我偶尔会专门花几分钟的时间和那些可能受到忽视的学生"嬉戏"，或者通过某种方式使他们感觉自己受到了特别对待。比如我可能会让他们拼写句子，或者派他们完成某些特殊的任务。我也会因为自己做得不够完美、不能同等地对待每一个学生而感到良心不安，而这条策略却可以减轻我的这种内心谴责。

策略 213：15 秒的荣誉感

我喜欢把15秒钟的荣誉感奖励给尽可能多的学生，而我所做的就是把拼写的语句"个性化"，即把学生的名字插入拼写练习句子里。

举个例子说明：

请把下列句子里的名词用圆圈圈出："谢普和安妮都认为洛登老师是迄今为止最伟大的教师。"

你往往可以听到学生一边做练习一边在偷偷发笑。当然你必须确保在一定时期内让每个学生都有机会轮流感受到这种被个性化了的荣誉感，而且特别需要小心不要使他们受到伤害。

策略 214：有创意的借口

如果忘记带钱或这个月手头比较紧，我们会找借口说："支票正在邮寄途中。"我们都知道真实情况是什么，这是多无趣、多没创意的借口啊！

其实，孩子们也会有他们自己的借口，比如"我迟到是因为我的闹钟没有响"。这个学生知道（我也知道）自己为什么迟到，因为闹钟响过后她又重新入睡了，而且调整闹铃的次数达10次之多。于是，我鼓励学生最起码要编出富有创意的借口来博我一笑。结果我收到了这样一些有趣的借口：有学生说在布鲁克林的弗莱特布什大街遇到了一大群野牛的攻击，还有学生说深夜有小偷潜入他家偷走他辛辛苦苦完成的家庭作业。

不要担心，我仍然会让学生为自己的行为后果负责的——只不过我一边惩罚学生，一边自己偷偷发笑而已。

策略 215：规则下的通融

哦，来吧，不要做个吝啬鬼！你知道规则，学生也知道规则。他们都知道你要求他们不能在教室里四处溜达——但这会儿教室里的气温高达 32℃，他们心烦意乱，都快要闷死了，当然再也听不进那些罗马数字了。看来今天这条"不准随意走动"的规则是不可能继续遵守下去了，因此你可以缩短课时，然后允许他们站起来稍微走动走动，或者和相邻的同学聊聊天。在规则之下偶尔通融一下并不意味着你放弃了自己在教室里的权威地位——这只表明你做事很灵活。

策略 216：写日记

很多学科都可以让学生记日记，而且我还发现日记是学生们表达自己的一种很好的方式，这种表达不仅倾注了学生的情感，而且体现出学生的创造性。我曾经和学生进行过交流，他们希望有人愿意倾听他们的心里话，也愿意让别人通过看他们写的散文或诗歌来了解他们所做的自我探索。在我的性教育课上，如果学生觉得有些事情在大庭广众之下不好意思问我，那么他们可以通过写日记的方式私下里问我。对于学生日记里的问题，我都会一一予以解答，正如一个女生所说的："我太喜欢自己的日记了，它就好像会说话一样。"

但是，在处理这些日记的时候你必须十分小心。因为你并不是一个经过专门训练的专业辅导员，你只是和学生进行沟通而已，并不应该承担心理辅导的职责。你必须向学生保证你对他们的日记会严格地保密，除非你觉得他们陷入危机了，否则是不会把他们的日记拿给别人看的。另外，从法律角度来说，只要出现对学生有危害的情况，你就必须向相关部门汇报。我曾经发现有个女生和几个瘾君子生活在一起，因此不得不想办法让她搬离这个家庭；我还曾经发现了学生的自杀倾向以及性滥交的问题，等等。于是我向相关部门汇报了这些情况，当我听说这些学生被成功挽救之后，我也大感欣慰。

在回复学生的日记时，你一定要小心地使用你的言辞。我经常看到这样一些日记，在日记里学生说只要他们一离开家，父母就会偷看他们的日记。在很多情况下，我都会揣测这些家长这样做的意图是什么，然后尝试着把这些揣测讲给学生听，但这样的沟通非常艰难。例如，有个男生说他父亲总是对他大吼大叫。从他的字里行间看，他的父亲就像是一个折磨人的暴君，当然我不能这样对学生说，于是我首先承认这个学生的感受，然后在他的日记里写下了以下建议："时时刻刻都被人大喊大叫，这种感觉真的非常糟糕。或许你可以给你父亲写一封信，告诉他你的感受。有时候家长并没有意识到自己的孩子正在反抗自己呢。祝你好运！"

策略 217：知道自己什么时候与学生的关系过于亲密了

有些时候，学生会把教师看成自己的知心好友，但教师该与学生保持何等程度的亲密关系、什么时候又该与学生保持一定的距离，所有这些都应当由教师来掌控。

我记得曾经有一个和我关系很好的学生，她向我请教她遇到的所有问题，结果我发现自己花了太多的时间坐在家里考虑如何帮助这个学生。有些教师就像是学生的代理人一样。教师必须了解，如果他们喜欢的运动员落选了，他们不用把落选的责任也揽到自己身上。不过事实是，大多数学生可以选择主动地疏远教师，但如果学生想要亲近你，那么即使比较温和地把他们推开也总是不太妥当的。

策略 218：大声地给学生朗读

安东尼·阿尔瓦拉多是前任纽约各学校总管大臣，后来他又做了我们学区的负责人。他是个出色的教育家，他曾经接受邀请，在我们每月一次的教师大会上给我们上了精彩的一课。他走进来先和我们打了招呼，然后就掏出一本故事书给我们读了起来。他在那里不断地读着，而我们就坐在那里静静地聆听，不一会儿我们就沉浸在了这个故事当中。除了没有吮吸大拇指和拨弄头发之外，我们这些成年教师什么样的行为都表现出来了。他还希望我们尽可能多地为学生朗读,其实他所谈论的学生不仅仅是低龄儿童,也包括那些十几岁的学生。他建议的这条策略是最能有效发展师生关系的策略之一。

策略 219:巨型年历

在我的一次讲座上,有一位教师和我们共同分享了学生们比较喜欢的一条策略。她在教室的后面挂了一个巨型的年历,在年历上她不但标出了每个学生的生日,还把班级集体远足、大考时间、特别的集会和特殊事件等日期也一一标注出来。另外,她还鼓励学生把他们认为值得与全班同学分享的重要日期也圈出来。

策略 220:庆祝生日

年龄越小的孩子越喜欢庆祝生日,而十几岁的孩子虽然表面上装作不在乎,但你可千万别相信他们的这种表现。我建议教师可以设计一块公告板,在上面列出所有学生的生日,那样你只需要看一眼就知道今天是谁的生日了。

请不要忘了给那些生日正好在假期或者暑假里的可怜孩子庆祝生日。直到今天我还是对我的母亲耿耿于怀,因为她把我生在了7月里——剥夺了我亲耳聆听同学们给我唱《生日快乐》的机会。

策略 221：打起精神

我知道你们在忙碌工作了一天之后都很疲惫，但如果你能够再提一提精神，出现在学校的集会、戏剧表演、音乐会、舞会等场合里，那样就太棒了。这样一来，学生会感觉他们对你来说很重要，同时你也用实际行动向他们证明，你是这个"大家庭"的一员，即使没有客观规定的强制要求，你也很喜欢和他们待在一起。等到第二天你又和学生见面的时候，你要让他们知道，他们昨天的表演给你留下了深刻印象。我敢保证，学生们肯定会满脸放光、充满自豪，而且这也是建立师生之间和谐关系的可靠途径。采用这条策略最大的好处就是教师或许也能得到与学生同样多的快乐。（如果是参加舞会，你最好还能给学生露一两手……但要事先做好准备——学生通常都会嘲笑教师的舞姿，如果碰到这样的情况，不要生气。）

因为参加这类活动的时候，教师需要冒着抛头露面受到大家关注的危险，所以我要特别提醒大家注意，如果你所参加的这个活动当中学生可能会偷偷喝酒，那么你就要特别小心了，千万注意不要搅进这种所谓的"乐事"里去。曾有教师因为被人看到在学校足球赛上喝酒而丢了工作。

策略 222："我想到了你"

有时候在报纸或者杂志上看到一些报道，我觉得班级里某个学生可能会感兴趣，我就会把这篇报道剪下来，在上课前或上课后交给这个学生。有一次，我在旧货摊上买了一个陶制的海龟（花了我50美分），把它送给班上一个正迷恋海龟的男生。从这个学生的灿烂笑脸来看，你会以为我是给他买了一辆奔驰轿车呢。他没有想到我会毫无理由地专门为他买这个海龟，他还告诉我，他这辈子都要珍藏它。或许以后这个陶制的海龟可能在他的旧货摊上被卖掉，但起码在当时它起到了积极的作用，它使某个学生感到自己是如此地受到教师的关注。

另一条让人感觉较好的策略就是把报纸或杂志里的相关报道邮寄到学生家里。如果学生看到信封上写着自己的名字，表明信件是专门寄给自己的——而不是寄给爸爸或者妈妈的，那他该有多开心啊！

策略223：晨会

每天早晨，我让学生自由地和同学分享在课余时间发生的事情。一般他们都很喜欢向同学宣布某件事情，比如有的学生会向大家宣布米奇叔叔要从奥什科什来看她，有的学生则告诉同学们自己的母亲怀宝宝了。我还遇到过有的学生抛出自己无法解决的个人问题来寻求大家的帮助。此外，他们也可能向同学讲述前一天晚上做的梦或者听到的笑话。尽管这条策略能促使大家的关系更为亲密，但请注意，它一般只适用于班额较小的情况。另外，还需要由教师来保证每个学生都有相同的参与机会和时间。要注意，你会经常遇到这样的学生，他甚至想给大家详细讲述一个长达3小时的电视节目。

策略 224：全班共同解决问题

有一种晨会的延伸形式，我称之为"全班共同解决问题"。很多时候，教师与学生之间、学生与学生之间会发生各种问题。有时候我会承认自己没法解决面临的问题，因此邀请学生参与进来，大家一起探讨如何使每个人在课堂上都有安全感。你会很惊讶地发现，学生竟然非常聪明，能够圆满地解决这些问题。

策略 225：洛登的人生经验（或讲授获胜之道）

（当然，你也可以用自己的名字来代替我的名字，不过这样可能会不押韵。以下就是我名为"Nicen UP 101"的速成培训课程，课程的名称也来源于我的学生。）

和学生分享一些秘诀，使他们能够与其他教师更加和谐地共处，这样做能使学生获得他们在书本上无法获得的经验。下面就是一些具体的例子：

(1) 我告诉学生，如果他们考试得了 100 分，就没必要向老师坦诚自己并没有努力学习。（就让老师以为这是自己勤奋努力学习的结果。）

(2) 我建议学生在开学第一天尽量坐在靠近老师的地方，而不要远远地躲在偏僻的角落里，因为这样会给老师留下不好的第一印象。

(3) 我强调"模仿老师行事"只会让老师对他们反感，因为只有教师才拥有这样的权力。

（4）我提醒学生，运用和蔼的态度（或者使用柔美的而不是尖酸的语调）会很有效果。因为开心、富有合作精神的人很难不被人喜欢，而总是顶嘴、让人感觉不尊重别人的人则很容易让人反感。

（5）在学生有了不尊重教师的言行之后，我鼓励他们努力加以弥补。他们可以向老师承认"自己失控了"，并请求老师再给一次机会，让他们重新开始。

（6）我把本书论述的很多沟通技巧都教给了学生，因为很多策略适用于所有年龄阶段的人。

策略226：再次装饰你的教室

我敢肯定在开学第一天，你已经把教室装饰得非常舒适和可爱，以便给学生营造一种温暖舒适的感觉。大约一个月后，我建议该调换座位了。因为教室给学生的感觉已经发生变化了。但是有些装饰是那么的显眼以至于像兴奋剂一样提醒着我要做些改变，这包括改变公告牌的颜色以及通过改变公告牌上的内容从整体上装饰公告牌。这就像我们家里的墙，一种颜色看得太久了，难道你就不想重新刷另一种颜色吗？同理，为什么不用更可爱的墙纸重新装修一下教室呢？我还想进一步建议你偶尔带一些鲜花放到教室里，你甚至可以召开一次"内部装饰"的讨论会，当然得要求班里的男生和女生一起参加，讨论教室装饰的事情。

策略 227：向学生保证，你会把他们身上的闪光点告诉他们的家长

很多学生一知道家长会要召开就紧张得几乎停止心跳，因为他们中的很多人都明白自己在学校里的表现不好，很担心家长会之后会受到家长的责难。那将是多么可怕的时刻呀！所以，为了让每个学生都能开开心心的，我向他们保证，我会尽力找出每个人身上的闪光点并告诉他们的家长，这样一来他们就再也不必担心会被家长关禁闭了。其实每个孩子身上都有值得表扬的优点——我们只要在看待某些事情的时候把眼光放得长远一些就可以了。

策略 228：感谢学生给你带来了欢乐

在有些日子里，你会很感激你的幸运之星保佑你成为了一名教师。当你看到学生们都开窍了的时候，你会感觉自己的辛苦付出得到了回报。学生会告诉你他们有多爱你，这时你的感觉该多美妙啊！有人为你带来了如此美妙的感觉，为什么不对他们表示感谢，与他们分享这美好的感觉呢？

第五部分

通过赢得表扬来建立自信

当人们自我感觉良好的时候，他们甚至会相信人能胜天。像你我这样的教师就不得不把这种对自我的感觉植入学生心里并帮助它们发展壮大。在学生能够完全挖掘自身潜能之前，我们必须帮助学生建立自信。希望接下来介绍的这些策略能促使自信的种子在学生心里生根发芽。

第十七章　建立自尊的策略

策略 229：表扬，表扬，再表扬——但不要过度表扬

记住，表扬一旦过度就会失去任何意义。从表面上看，真诚的表扬最直接的效果就是使学生感觉良好，但最为重要的是，你要明白你运用表扬主要是为了激发学生的动力和成就感，而不只是为了表面的影响。（除非你的学生仅仅需要做做表面功夫，以便应付某种场合。）

如果学生相互之间合作得很好，那么你就应当表扬他们的这种合作能力。如果学生上交了一幅绘画作品，那么就请关注这幅画里有什么特别之处，比如色彩的运用、特别的构图或想象，等等。如果学生讲了一个非常好笑的笑话，你大笑一回也是一种很好的表扬形式。

有时候，教师会因为某个学生写了一首好诗而大加赞扬："噢，你是最伟大的诗人！"但是，事情没有这么简单，小丽贝卡或许知道自己并不是济慈（John Keats，英国诗人。——译者注），所以你这样表扬她反而使她感觉不舒服；相反，如果教师夸奖她这首诗里的比喻实在是太美了，这样可能会更有意义、更能肯定她的成绩。

过度表扬确实存在不少缺陷。过度地表扬、把过高的期望强加在

学生头上，只会给学生带来更大的威胁。如果学生不断地听到这样一些话——"你的表现总是这么好……我希望所有的人都能像你一样！"或者"我知道你从来都不会令我失望的"，结果他会被巨大的压力压垮，觉得自己背负了太多的重任。所有的学生都有可能在某个时刻让你感觉失望，不要期望自己最出色的学生一直完美无缺。

策略 230：肯定学生的进步

作为教育者，我们绝对不能忘记的一件事情就是承认学生的进步——无论它多么微小。对学生取得的进步给予一个小小的肯定，能极大地帮助学生确立自信，点燃教师和学生的希望。但教师还是要注意反省一下，你有多少次打电话给朱迪的家长告诉他们朱迪没有完成家庭作业，而当朱迪开始经常性地完成家庭作业的时候，你有没有打电话告诉她的家长呢？通常情况下，答案都是"没有"，因为我们觉得按时完成家庭作业是理所当然的。

但请你仁慈一些吧，去肯定她的学习习惯有了进步，让她知道老师没有忽略她的进步。

策略 231：评分过高

你有一个非常出色的学生，你在她的成绩单上打了满分100分或给她评了A＋。但是，所谓的满分就意味着完美，那么学生就没有进步的空间了。给学生打这么高的分数，其危险之处就在于学生下一次成绩单上的分数不可避免地会下滑。我经常把这样的情况解释给学生和学生家长听。我知道在第一学期有些教师会给学生打98分、99分，但这样又会给学生带来极大的压力，因为学生想保持这样的分数。因此，如果学生没有错，那么打95分就合适了，这样可以给学生创造进一步提高的机会。

策略 232：评分也要有助于学生建立自信

就像硬币有两面一样，班级里有优秀的学生，也有那些在及格线上挣扎的学生，尽管他们已经非常努力了，却仍然可能不及格。这时候我一般都会给他们打一个及格分，从而帮助学生继续保持必要的决心，并继续努力，以免打击他们的积极性。

如果教师仅仅因为学生学习非常勤奋就给学生评90分，就会干扰正常的工作，因为那是不公平的。90分已经远远超过了平均分，不管怎样，学习的努力程度也不能凌驾于学习的成绩之上。我给学生打65分就是要告诉学生以及其他教师，该学生的学习效果正处于边缘状态，不过还算是及格了，除此之外如果再做其他的事，那就是对大家不够诚实了，而且会使学生产生错觉，以为自己真的已经表现出色了。

策略233：在适当的时候给予热情的赞扬

在班里，如果某个学生说出了自己很棒的想法，那么就应当明确地让他（她）知道这一点。

我有一个同事叫约兰德，只要我给她提出一个建议，她都会这样对我说："雷内，你这个主意太棒了！"我记得，当我第一次听到她如此热情的反应时还小小地吃了一惊，不仅如此，她的赞扬令我感觉相当良好，因此当我的学生提出比较好的想法时，我也开始对他们做出比较热情的反应，而学生们的表情表明他们也相信自己的想法是很有价值的。感觉不错嘛！

记住，有些学生可能会感到难堪，那么课后你需要告诉他们，你对他们有什么样的感觉。注意千万不要包庇或者过于虚伪，你必须了解自己的学生，必须有所选择——那些受到赞扬的想法必须是真正很出众的，同时不要过度表扬。

策略234：需要鼓励而不是贬低

"如果真的没有什么优点可说，那就最好什么也别说。"这个智慧源自我的父亲（或许也源自你们）。

应该得到的表扬使人感觉愉悦，而贬低的言辞则会伤害学生，即使有学生说"语言伤害不了我"，但伤害同样会发生。当你责备学生之后，听到学生说"我不在乎"时,千万不要相信学生所说的话,因为言语不但会在当时伤害学生,还会给他们的心里留下难以治愈的创伤。

策略 235:尊重学生的独特性

有些人会不赞同。我们总会遇到这样的学生,他们穿着鼻环,披着奇装异服,千方百计想要显得与众不同。如果他们的家长能够容忍这些行为,而这样的行为又不违反学校的规章制度,那就不要下意识地对他们提出批评意见。不过,如果学生这样的行为起到了负面作用,那么就必须采取措施加以限制。相信你自己的直觉,在很多情况下,只要你真正深入了解了这些"奇怪"的学生,他们就不会再耍酷了,因为他们之所以耍酷并不是不想遵守规则,只不过是想引起别人的关注罢了。

策略 236:领导需要追随者

我曾经也遇到过这类问题,但我从未深究过这个问题为什么会让我们如此厌烦,直到有一天我听到一位家长责备教师,因为这位教师没让她的孩子成为班级的"领导者"。当然,我们都希望自己的学生具备领导者的素质,而且好教师也应该培养学生这方面的能力。然而,有时候,这样做也有消极的一面。当学生进入集体生活时,很自然的一件事就是由领导者来规定什么可以做、什么不可以做,这就导致领导者可能要胁迫那些有不同观点的群众,同时那些个性极强的学生也必须要学会成为团队的一员。教师就应当保证班级里每个学生的发言权，而那些个性极强的人也不能总是责怪其他人，同时也不能阻碍其他人提出自己的观点。

策略237：不要急于纠正学生的答案

还记得这样的场景吗，当你还是个孩子的时候，你认为自己想到了答案，于是兴奋地跳起来抢着回答问题，结果老师却说："错了，你坐下吧。谁能告诉我正确答案？"你还记得你当时有多窘迫吗？

学生出现这种状况时，我是这样回答的："虽然这并不是我所想的那个答案，但这样想问题也很有意思啊"或者"这是个很不错的猜测"。简单地否定学生的错误答案会使学生变得胆小，以后他们都不敢主动回答问题了，因为他们很害怕丢脸。

策略238：尽管学生"表现平平"，也要与其家长沟通

总有这样一些学生，他们在学校的表现始终平平，他们既不像居里夫人那样优秀，也不像查尔斯·曼森（美国一名杀人如麻的罪犯。——译者注）那样糟糕，他们就是最普通的学生，每天来学校完成自己的学习任务而已。

有些学生表现突出，赢得了表扬、高分和肯定，因此受到了教师的

关注；有些学生行为不端，教师需要打电话给其家长进行沟通；而对于那些表现平平的学生，我偶尔会仅仅因为其这段时间的学习比较努力，就打电话给他们的家长。我会告诉家长我有多么喜欢他们的孩子，我为班级里有这样的学生而感到高兴。这些家长刚接电话时往往会问我："好吧，告诉我究竟出了什么事情？"在我保证前面这些话就是我打电话的唯一目的后，家长会变得非常开心，第二天还能看到这个学生也很开心。所有的人都能从中获益——而这样做只需要花费我短短几分钟而已。

策略 239："我知道你能做到"（甚至做得更好）

"我知道你能做到"，这是大家很乐意听到的一句话，但有时候仅仅这样说是不够的。不久以前，我被要求为一大批专业人士做一个报告，而我在面对大量听众时一向都是相当的紧张。但最后我还是决心克服自己的这种恐惧心理，大胆地接受了任务，并精心准备（也足足担心）了一个月。那晚的报告完成得相当出色。当我回到家告诉家人一切都非常顺利时，他们说："我们知道你能做到的。"但我真正想问的是："你们为什么知道我能做到？"不过这样说又好像是我故意在寻求表扬一样，最终我的谦虚阻止我这样说。

当学生完成了自认为无法完成的任务之后，我就会告诉他们为什么我知道他们能做到。例如，班上有个女生总是很害怕在全班同学面前大声发言，于是我告诉她我知道她能做到的，因为她有那么多东西可以说，而且她说话的方式让人感觉非常温暖。

策略 240：小小的无伤大雅的谎言

我不希望你们看到这个策略后会摇摇头走开，说我在教大家说谎。其实，无伤大雅的谎言和一般的谎言是不一样的。好吧，或许事实并非如此，但有的时候，我们不得不把准备对学生指指点点的手收回来放到背后，以免让学生陷入痛苦或者窘迫之中。

例如，有一次我告诉一个学生他新理的发型很漂亮，但事实上那个发型看起来就像是理发师喝多了之后搞出来的。如果你太诚实了，没有办法说出这种无伤大雅的小谎，那么就给一个含糊其辞的回答好了，比如："这确实很独特。"

我问丈夫我是不是比米歇尔·法伊弗（Michelle Pfeiffer，美国著名美女影星。——译者注）还漂亮，结果他回答——"雷内，这说都不用说嘛！"或者"多傻的问题啊！"这就是我想要的答案。

策略 241："你是晚熟的人"

不管这算不算是无伤大雅的小谎，但这条策略确实能够帮助学生增强自信心。

我憎恨把学生分成三六九等的行为，对于那些被归入"落后学生"行列的学生，我感到很痛心，这也极大地伤害了学生的自尊。因此，我会告诉学生，我已经看过他们的相关记录了，我认为他们只是一群学习潜能有待开发的孩子。我进一步给他们解释说，有时候他们在某些方面表现不好，只不过是他们还没有做好准备而已，而且很多时候这确实是事实。我促使学生相信自己有能力做得更好——你瞧，他们真的更努力地学习了。他们的学习成绩突飞猛进，而更为重要的是，我听到他们对别人说自己只不过是晚熟而已，他们有比别人认为的更强的能力。

策略 242：分流

一位校长曾经给我们做了一次讲座，主题是关于帮助学生确立自信心的重要性，但与此同时，她又把全校的班级划分为两种："聪明的"班级和"不聪明的"班级。我不关心他们用何种委婉的说法来命名这些班级，总之他们用 1 来表示最好的班级，用 10 来表示最差的班级，这样的划分意味着学生本人以及其他人都明白了自己被归入了哪一类。结果我不得不使用前面提到的"你是晚熟的人"这一策略来安慰被分入最差班级的学生。

有人辩称这样分流的目的就是"让所有的学生都知道谁是最优秀的学生"。这主意确实不错，因为没有人会抱怨自己被公认为太聪明了，这也是为什么我并不反对为表现出色的班级颁发荣誉称号的原因。但是，那些表现中等或比较落后的班级并不一定需要被公开。对教室号码的编排也必须注意同样的问题，教室号码的编排只是为了区分不同班级，而不是标明各个班级学习表现的高低，因此应当使用类似4—301这样的编号，而不要使用像4—10这样的编号。

有一年，一位新教师建议把所有7—9年级的学生都放在同一个英语教学班里,这样一来这个班里的学生呈现出了不同层次的阅读水平。我认为这样做不会有什么效果,相反情况恐怕会更糟,但想到这些新教师应该都是很聪明的,于是我赞同了他的提议。很幸运,在实施这个试验的学年里我们每个班只有18个学生,结果我们可以根据每个学生的真实能力来评分。

我们很惊讶地发现,尽管一个学生的阅读分数很低,但他的口才可能很好,因此在讨论的环节他会表现很好从而取得很高的分数。而且所有的学生都相互帮助,结果效果非常好。大多数教师都没有这么幸运,可以在如此小班额的班级里从事教学,但如果你很幸运地遇到了这种小班额的情况,那么不妨像我们一样做一点试验。不过,我们的幸运只持续了一年时间,后来由于资金短缺,我们的班额又恢复到了30人一个班,在这样的情况下,如果学生之间的年龄和学业水平差异过大的话,教学是不会有成效的。

策略 243:我们当中也有些人不会拼写

在这里,我鼓励大家根据学生的拼写水平进行分类。记住,我也是不愿意对学生进行分流的人,但或许你会问,我这样的鼓励不就是告诉大家应该将学生分成不同的两类吗?答案是肯定的。有些学生仅仅是拼写水平比较糟糕,而他们在高等微积分方面却表现得很出色。(当然也有像我这样的人:我会拼写,可是只会掰着所有的手指头来数数!)我对学生强调说,拼写水平并不直接与个人的智力相关——我们中有些人的拼写水平就是比其他人高。我还告诉他们,据说爱因斯坦的拼写水平极差，但最终他的成就也没那么差嘛！于是，我把选择权交给学生，他们觉得自己的能力水平达到哪一层级，就选择加入哪一层级的拼写小组。我会问他们："谁的拼写属于一般水平？"总会有那么一两个比较勇敢的学生率先举手，接着其他人就会跟着举起手来。他们知道，他们这一组学生的拼写单词会简单一些，或者需要识记的单词要少一些。我和学生一起公开讨论拼写能力较差的问题，这样就使学生能够正视这个问题，而那些拼写水平较低的学生也能够以比较轻松的态度关注这一问题。

策略 244：作业上面的积极评价

当辛辛苦苦完成的作业被发还回来时，每个学生的心跳都开始不稳了。在18米之外，他们首先看到作业上的什么呢？红色墨水的批注！我们都会把这种颜色和批评联系在一起，但是，并不是所有的批评都是消极的，我们也并不是没有积极的评价可以给予学生。即使作业上满是教师的批注，红色字迹多得甚至超过了黑色字迹，我们还是可以告诉学生，作业里确实有一些很好的想法，或者你希望看到学生修改后的大作。在作业纸上画个笑脸，这是个不错的主意，但千万不要在他们的作业纸上画皱着眉头的小脸，除非你想看到学生也皱起眉头。有时，你也可以尝试用紫色或绿色的墨水来批改学生的作业。

策略 245：展示所有学生的作业

很多教师认为应该将"最好"的作业张贴在公告栏上进行展示。但总有那么一些学生，他们的作业没有得到 100 分，或许是因为他们的字迹不够端正，或者是他们的作业成绩总是属于中流。这些学生从来没有看到自己的作业被贴在公告栏上，尽管他们尽了最大努力，并挖掘了自身最大的潜能去学习。作为教师，我觉得我们应当关注所有的学生，而不仅仅看重在测验中取得高分的那些学生。

一天，我偶然提到，我需要在公告栏上张贴一些作业，如果他们愿意把自己的作业交到讲台上，我就会把它们贴出来。最初我猜想交上来的一定都是那些完美的作业……结果我错了，令我大吃一惊的是那些成绩较差的学生也把作业交到讲台上来。这证明了一点，那就是每个人都需要得到别人的认同，都希望让自己的名字也"曝光"一下。而且我还发现学生都格外努力，完成的作业字迹都尽可能干净整齐，这样他们的作业看起来就要好一些。

很多时候教师会把满是错误的作业张贴出来，我也会这样做，但我会在公告栏上贴个标签，注明是"进步中的作业"。我希望学生都能认识到，不能仅仅因为作业被张贴出来了，就认为自己的作业已经彻底完成了，这一点非常重要。

策略 246:"我得了 97 分!你得了多少分?"

不知大家是否注意到了,只有那些得了高分的学生会在教室里跟别人大声嚷嚷:"嗨,辛迪,这次考试你得了多少分?"而考试不及格的学生却极少会这样做。

我告诉学生,他们可以把自己的分数告诉别人,但不可以当众询问别人的分数。我还向他们保证,如果他们的朋友取得了好成绩,那么我们所有人都会知道;如果他们考得不好,那么保持沉默就可以了。这也是我努力减少分数上的竞争的原因(具体参见"策略84:圣地")。

第六部分

安全问题

在我们现在生活的时代里，学校的学生身上出现了以前不曾听说过的各种暴力行为，而家长为此对教师和学校的指责已经创历史纪录了。我多么希望这一切都没有发生过啊！但很不幸它已经发生了。那么作为教师，你们必须知道该如何保护学生、保护自己和学校。下文所提供的这些策略也许可以帮助你在自我保护方面更明智一些，而更为深远的意义在于帮助大家成为学生的守护者，而这其实也正是教师很想做到的。

第十八章　个人的、身体的、职业的安全

策略 247：肢体接触还是不接触？

对这个问题必须非常小心，因为这个话题现在变得相当敏感。有时候我会听到这样的言论，如："幼儿园教师甚至不能去擦拭孩子流出来的鼻涕，因为这样的举动会受到控告。"我很难相信这样的事情，因为我认为学校里的任何一位教师应该很早就知道自己行为的安全界限在哪里。

相比之下，我更为关心年龄比较大的学生，他们正处于青春期，很不适应自己身体上性特征的变化。应该说教师属于权威角色，可以通过肢体接触学生而使学生感觉更安心，但事实上，很多时候并非如此，当教师接触学生的时候学生会感到更不舒适。

我们学校有一位教师曾有这样的习惯，他总是要求和5年级的女生拥抱一下。他是一个非常好的教师，但我还是不得不告诉他，他这样的行为是不恰当的。结果他非常愤怒，指责我这样说太过分了，但那些曾在我面前抱怨过他的女孩子们则很感谢我这样做（具体参见"策略

289："勇敢地面对其他同事"）。

策略 248：面朝教室门

如果你想找到一个布置座位的最佳方案，那么请特别留心你的讲桌的摆放。我曾经以背朝教室门的方式摆放讲桌，结果我的大脑向我发出警报，告诉我这不是一个好办法。教师是教室里的成年人，有责任保护学生的安全，必须随时能够看到有谁进出教室，但如果背朝教室门，你就不可能看到这些。如果你正独自在教室里评阅学生的作业，那么就更要额外小心，必须要做到面朝教室门。

策略 249：不要把学生交给陌生人

现在，有太多的学生来自离异家庭。随着家庭的重新组合，很多监护权也扩展到了新的家庭成员身上，这很容易把人弄糊涂。教师必须确定，每个来学校接孩子的人都已经得到了作为监护人的家长的书面授权，你还必须把这些书面授权存档，以此来保护自己。千万不要轻易地把学生交给陌生人，除非能够证明，你把孩子交给这个人是没有问题的。我建议你们从开学第一天就好好了解这方面的信息。

策略 250：不要把学生赶出教室

如果这一切都没有发生，那么……你可能会碰到这样一个学生，他把你逼得几乎要杀人，也把其他同学逼得快疯掉了，这时候只有一个顺其自然的解决办法，就是把他赶出教室。这主意听起来似乎很不错，但是千万不要这样做，因为这个学生很可能会跑到不该去的地方，这样会给你带来很大的麻烦。你必须把他护送到明确的目的地，而且在那里还得有专人监管他。你可以请同事帮忙，但如果身边没有可帮忙的人，那么你可以派一个值得信任的学生把他送到办公室或者教务长那里，或者请学校的保安帮忙。

策略 251：不要单独阻止争斗

我知道作为教师这样做比较难，但我是在一个暴力倾向比较严重的学校教书，在这里，学生公认解决问题的较好方式就是打斗。我阻止过很多打斗，但有一年，有两个男孩打斗得恨不得杀了对方，这时我插入他们中间加以阻止，突然我眼冒金星，接着就不省人事了。我醒来后得知的一个好消息是这场打斗被我阻止了，更好一点的消息就是这两个男孩对此感到非常内疚，实际上他们忐忑不安了好几个月，一直到我的手和脚慢慢恢复。

当学生之间发生打斗时，你的第一反应应该是寻求帮助。因为你不是经过专业训练的调解人员,如果贸然劝阻,结果就可能受到严重的伤害。你应该马上报警,而不是去冒那种有可能被伤害的危险。

策略252:预先浏览影片

有一次,我为了奖励学生,给他们放了一部有趣的电影(在影片分级制度出现之前)。当时我的同事对我说这部片子适合中学生看。我相信了同事的判断,事先没有看过这部片子就在班里播放了。但是电影一开始就是一群大学生几乎一丝不挂地在镜头前跑来跑去,我马上意识到麻烦了!我很担心,不知道这些学生回家会跟家长说些什么。幸好影片后面的内容还算比较严肃,但也只能算勉强过关。因此,教师一般应当预先浏览准备放给学生看的电影,并报学校审查,以确保它属于学校认可的电影。幸运的是,现在我们已经有了影片分级制度,但教师还是要注意,不要给学生放映那些令他们自己或他们的家长厌烦的影片。

策略253:学校的应急方案

在学年开始的时候,教师会从学校那里拿到详细的应付紧急状况的计划书。当应急演练铃声响起时,许多学生会非常惊恐(我自己也有点紧张。)这时大家都不确定这究竟只是一场演练,还是真的发生什么危险了。为了避免意外或者混乱的发生,教师一定要始终记得那些安全通道。因此，教师在演练之前先自己熟悉一遍这些安全通道是个不错的主意，这样你就有信心（最重要的是冷静）在进行演练的时候安全地把学生带到外面。

另一件重要的事情就是在张贴应急方案时，一定要同时张贴教室的逃生路线图，因为可能会有其他不熟悉的人使用这个教室，而他们却不知道发生紧急情况时该往哪里逃生。

策略 254：自助餐厅

一个读者给我反馈说，学校的自助餐厅不仅可能隐藏着健康杀手，而且学生在那里也会出现很多不良的行为表现。我相信大部分人都有在自助餐厅维持学生纪律的经历，如果你没有，那你简直太幸运了。自助餐厅总是很嘈杂、很混乱，对，还有我必须提到的……难闻的气味。

学生经常乱扔垃圾，对于这类经常发生而形式又变化多样的问题，我们都想尽量避免与学生发生严重的冲突。因此，当看到有学生将空牛奶盒扔到桌子下面的时候，你可以试着和学生进行一对一的交流（具体参见"策略181：一对一"）。你先问学生是否愿意和你私下交谈，然后有礼貌地要求学生把扔到地上的牛奶盒捡起来。当然，你要在他捡起来后对他表示感谢。还有一个好方法，那就是你和学生一起探讨在餐厅就餐的礼仪。其实，学生都很讨厌捡别人乱扔的"垃圾"，因此我们要提高他们的认识，使他们明白应该怎样做才能创造出一个适合"就餐"的舒适环境。你也可以组织角色体验的活动，假设学生是餐厅管理员，并向学生解释餐厅管理员现在非常苦恼，因为学生用餐后餐厅里一片狼藉，而这些都需要餐厅管理员一个人来清扫。如果餐厅管理员愿意，那么请他到班里给学生们现身说法就更好了。

策略 255：一直开着教室门

当你和某个学生（异性）单独留在教室里的时候，一定要让教室门半开着。尽管这样做确实让我感觉很悲哀，但在当今这个时代，这是必须强调的。曾经就发生过学生诬告教师行为不检点的事情，而事实上有些时候确实存在着教师行为不检点的问题。因为在这种情况下很容易出现"师生言辞不一致"的状况，所以为了保护自己，在你和学生单独待在教室里的时候就不要关上教室门。如果有学生想和你谈谈，最好把学生带到外面的大厅谈，这样可以避免被别人曲解意图。人们总是喜欢闲言碎语，你不会希望自己成为他们谈论的话题吧？

策略 256：永远不要出现班级无人照看的状况

你必须去一趟卫生间，或者去复印一点文件，或者只是想打个简短的电话，于是你让学生安静地自学，而你只离开一会儿，你认为这些学生值得信任……错了！你必须对你的班级负责，如果你让他们处于无人照看的情况，哪怕只有一分钟，也可能产生灾难性的后果。我有一个同事，有一次离开教室去办公室，一共只花了短短的几分钟，等她再回到教室的时候，有个学生的哮喘病发作了。可以在25个鲜活的观众面前炫耀自己而又没有教师阻止，在这样的机会面前，即使是最好的学生也会有与往常完全不同的表现。无论何时都不要冒这样的险，你会因此而官司缠身，而学生也会因为你的离开而处于危险之中。

从校长那里问清楚，如果你要离开教室，有什么样的相关规定。在有些州里，只要是成年人，就可以帮教师照看班级；但在其他一些州里，只能由有教师资格的人来承担照看任务。如果你的同事正在照看他们自己的班级，而你又请他们同时也关照一下你的班级，即便不说这样做有失公允，它对你而言也是一种失策。

策略257：你不是药剂师，也不是医生

以前我总是随身带着阿斯匹林。当我还是新教师的时候，有一次一个学生说头疼，我没有意识到自己不该私自给她配药，顺手就给了她两片阿斯匹林。结果她出现了药物反应（不是太严重，就是胃部不适），她开始大哭，说我的药片让她生病了，并且嚷嚷着要回家。幸运的是，她的家长并没有因此而找我的麻烦，其实如果家长有意要找麻烦的话，他们可以就此大作文章。更糟糕的是，我这样做其实很可能会让这个学生出现其他相反的治疗效果，甚至产生严重的副作用。实际上，那时教师可以把生病的学生送到校医那里，或者打电话给家长，让家长把孩子领回家。在这里还要提醒一句，教师应当关心那些需要遵从医嘱服药的学生，如果可以的话，还应该提醒他们吃药。但要记住，只要跟医药有关的事情，教师都应当记录在案，并请家长签字确认。对此，所有学校都有自己的规定，教师应该确保自己明确地知道

这些规定。

还有一件需要留神的事情就是，不要随意给学生发布一些有关配药方面的意见。比如，有些人认为某些药草和维生素对人有益，而有些人认为大家不应该吃红肉，还有些人认为瘀伤应该热敷，而另一些人则认为瘀伤应该冰敷。所有这些观点都是"不专业的"，教师不应该把这些"不专业的"观点告诉给学生。

策略 258：教师的汽车不要搭载学生

你看到那个可爱的学生正闷闷不乐地站在你的车门旁，因为他错过了公共汽车，看来十分失落。你是个好人，遇到这样的情况你就好心地让学生搭你的车，把他送回了家，多么感人的一幕啊……但是这样做恐怕会产生很坏的结果。除非有书面协议允许你搭载学生回家，否则我建议你还是不要冒险这样做。在路上你可能会遭遇车祸，学生可能因此而受伤；或者你正好错过了来接学生的家长，于是家长认为是你绑架了孩子；或者搭车的学生可能会在车上重病发作，那时候你就束手无策了；另外，学生也可能恶意中伤，指责你在车上做尽了各种坏事。因此，在把自己陷入到这种境地之前，还是先多想几遍。在这里我想再次重申，此类诉讼屡见不鲜，即使教师怀着好意做了这件事情，还是会有人控告你和你所在的学校。

第十八章 个人的、身体的、职业的安全   197

策略 259：记录每一个意外事件

小巴里摔了一跤，摔到了胳膊，然后哭了一会儿，但不过两秒钟的时间，他爬起来又满场乱跑了。常识告诉我们，他可能很好，并没有受伤，但我要警告大家，我们必须抛弃这样的常识，把似乎不太可能的后果也仔细想想。巴里看起来似乎非常正常，但等他回到家时，胳膊（原先看着似乎很正常）可能会肿起来，甚至出现了骨折。不要觉得发生这种小意外没有什么，请千万别冒这个险。我曾经就遇到过，小小的擦伤演变成了伤口感染，脑袋轻轻地碰了一下结果却发现是脑震荡。教师应该把这类意外都记录在案，并且确保学生也主动参与了这样的记录。另外，很重要的一点就是，教师应当告知学生满地乱跑可能会导致的各种后果。最后，我还要再重申本书前面早已说过的话——记录！记录！还是记录！

策略 260：相信自己的直觉，遵从自己的本能

拒绝遵从自己的直觉，相反却一味地相信所谓的逻辑思维和理性推理，这样的情况在我们身上发生得实在是太多了。但很多时候，我会感觉到某个学生似乎不大对头。一般我会再去读一读这个学生的日记，这时我的直觉会告诉我这个学生正处于某种危机当中，尽管他对此什么也没说。很多时候我的直觉是正确的，但偶尔也会因为发现得太晚而没能

及时化解学生所遭遇的危难。不过大家还是要记住,如果学生就是不想和你谈,那么你所做的也只有这么多了。另外,我还建议大家可以把自己关注的事悄悄地告诉学校里的安全顾问,这样做你至少尽到了告知的责任,便于防患未然。

策略 261：早该回家了

校园里喧闹了一天之后,学生都放学了,于是我们很高兴能拥有一个平和而安静的环境,可以有点时间准备明天的工作。(当然,没有一个教师认为我们只需要工作半天,后面我还会谈到这个问题。)在这里我必须再次强调一下扰乱学校安全的问题,比如我知道有些教师就曾经遇到过被偷偷潜入校园的人偷走钱包的事情。放学后还单独留在空荡荡的校园里可不是什么好主意,因为你很有可能会成为坏人攻击的对象。在我所在的学校里,下午5点以后管理员就会把我们都赶出大楼,因为他们不希望放学后还要一直担心我们在楼里的安全问题。如果确实需要加班,那么最好可以和别人结伴,这样就不至于单独一人留在教室里了。你们可以去对方的教室,或者找一个两人都觉得方便的地方加班,不过放学后最好不要在学校里待得太晚。

第七部分

运用你的支持系统

教学是一种"互相依赖"的工作,如果没有家长、同事、管理者以及相应的支持保障人员的帮助,教师的工作将会变得极其复杂。你必须与这些人确立牢固的关系以便开展教学。尽管教师工作一般会有丰厚的回报,但有时这个工作也会变得很难开展,让人产生挫败感。在这里很重要的一点就是团队的力量,为了确保团队能够取得成功,你必须是这个团队里积极努力的一员。记住:尽管团队里会出现成员意见不一致的情况,但大家至少站在同一条战线上,大家的目标是相同的,那就是希望学生能够取得成功。

第十九章　与家长合作

策略262：立刻约见家长

学生家长是非常不错的资源，当然应该好好利用。但平时家长很少见到教师，除非是学校开放日或特意召开家长会。我认为，教师和学生的家长彼此认识很重要，家长也应当多和教师接触，让他们知道教师有多么优秀。我也是家长，我总是很希望约见女儿的老师，但事实上很少真正做到，因为我的日程表实在是安排得太满了。有一年，我女儿的老师邀请所有家长晚上到学校去，她告诉我们这样做的目的是要为家长专门上一次简短的展示课，另外她还问我们，是否有什么与孩子有关的事情需要告诉她。由于她确定了具体的日期和时间，因此我们所有的家长那晚都按时到学校去了。这就像是朋友之间的约会一样，如果你的朋友告诉你"任何时候都欢迎你来玩"，实际上你很少会真的去拜访这个朋友，除非这个朋友明确地跟你约好了具体时间。因此，你也可以尝试采用这种比较明确的方式约见家长。

策略263：给学生家里邮寄介绍性质的信件

除了教师特别邀请之外，家长很少有时间专门到学校来，因此一种很好的联系方式就是给学生家里邮寄介绍教师和教学等情况的信件。在信件里你可以向家长进行自我介绍，告诉他们这个学年你和学生准备达成什么样的目标，家长如果想了解什么可以立刻给你打电话。在这里我建议大家最好告诉家长学校的联系电话，而不是你自己家里的电话号码，因为有些家长为了一点小事也会打电话找老师。在信的最后，你还可以征询家长的意见，问他们对于自己的孩子还有什么更深刻的见解，以便使孩子获取更大的教育成效。家长们接到这样的来信怎么可能不高兴呢？而且以这样的良好方式开始家长与学校之间的联系也不会对大家造成什么伤害。

策略264：尽量和家长面谈一次

很多学生的家长都在外面工作或有很紧密的日程安排，这样就导致家长很难在教师的上班时间与教师面谈，当然，这并不是说绝对不可能。与教师面谈常常会让家长产生一种挫败感。我们都知道面对面的交谈要比打电话或通过记事本留言交谈的效果好。当然，我这样说并不是要求你提前到学校去约见那些紧张的家长，也不是要求你晚下班以便和家长面谈，但是，如果时间允许，你可以尽力调整你的时间找家长方便的时间进行面谈。有时候，仅仅一次面谈就能让你获取更多有关学生的重要信息，同时也让家长知道你多么重视对他们孩子的教育。

策略 265：尽早通知家长

在写这本书期间，我已经给很多家长社团做过演讲，当时我让家长写下他们最想从教师那里获得什么信息。家长提得最多的就是，如果他们的孩子做得不好，他们希望教师能尽早通知他们。当发现孩子没有完成作业时，大多数家长都感到很震惊。家长往往指责教师不公平，而我们又常常指责家长不配合工作，但现实是教师和家长必须协同配合。一方面，教师应该鼓励家长每天晚上检查孩子的作业以确保孩子完成了作业；另一方面，家长则要求，当孩子出现问题时，教师必须让家长尽早知道。及时在学生记事本上做记录或打个电话都可以提醒家长学生可能存在的问题，这样做既方便了学生和家长，当然也方便了你。千万不要等到已经下发成绩通知单时才告诉家长。如果下发了成绩单，而成绩单上的成绩并不是家长所期望的，那时你才告知家长，那么家长对此成绩的震怒就会转嫁到你身上。

还有一点必须牢记，许多家长都告诉我，他们非常感激教师让他们知道自己的孩子在任何一个主要科目中取得的进步。

策略266：设一个回执单

如果我们要学生带通知等材料回家给家长仔细阅读，可以考虑在材料的最后设一个回执单，请家长在上面签字后让学生带回学校，而这个回执单交回来后还可以当作抽奖的小票使用。这样一来学生就会很积极地把学校里的各种材料或其他重要的通知带回家去，因为这些东西后面还附有奖励……我们都知道，奖励是最好的刺激物。

策略267：家长与互联网

我们已经进入了电子信息时代。网络是你和学生进行沟通的良好途径，同样也是你和学生家长进行沟通的巧妙方式。在开学第一天，你已经让学生和学生家长填了一份问卷，在这份问卷里你可以要求家长填上他们的电子邮件地址，并问他们是否愿意接受有关学校考试、作业上交的日期、班级外出游玩等你觉得对家长而言有用的信息。如果你很有雄心壮志的话，还可以为家长和（或）学生每周或每月固定出一份资讯，具体周期视你自己的工作任务是否过重而定。电子邮件是教师与家长沟通的良好途径，它通常比打电话或者开家长会还要快一点。（而且这种方式也避免了电话打来打去找不到人的麻烦。）学校网络系统应该有相应的技术支持……要确保网络定期升级完善。家长把网络联系看作生命线，能帮助他们了解孩子在学校做了什么（或没有做什么）。如果你没有定期升级更新地址,那么校长通常就必须接听那些失落的家长打来的电话。

在这里我必须强调一点,面对面的交谈也是必要的。因为打出来的文字往往失去了原有的冲击力,有时候甚至会因为一点小小的误读而曲解了原本的意思。

策略 268:鼓励家长积极参与

每个学校都会碰到这么一些家长,他们总是非常积极,而其他家长就指望着这几个家长能够承担起全部的工作。然而,更重要的一点是,应当鼓励所有的家长都参与到对孩子的教育工作中来。有些家长确实会被教师的这种期望给吓着。平时教师可以时不时地打电话和家长联系,这样做能使家长在与教师沟通的时候不再感觉那么紧张。你可能会问家长是否愿意参加班级的外出活动,或者请他们花点时间帮助指导学生阅读小组,或者请他们跟全班同学介绍他们的工作,等等。不过在你邀请家长来学校为学生做讲座之前,你最好先征询学生的意见。有些学生会因为父母的到场而感觉尴尬,而有些学生会因此而兴奋不已。如果家长做了相应的帮助工作,那么给家长发一条表示感谢的短信会比较恰当。

策略 269:特殊的亲戚日

还有一个很好的主意,那就是像邀请学生父母一样,邀请学生的其他家庭成员到班级里来。观察祖父母的表现和观察学生一样有趣，他们总是很容易被观察到，因为他们的眼睛总是一刻不停地紧盯着自己的孙子（或孙女），脸上也始终挂着微笑。如果有个学生的叔叔有本事拿自己的耳朵搞出很多有趣的事情，那么他的侄女就会很开心地拿这件事情跟同学们炫耀一番。你可以把这样的日子称为"亲戚访校日"，这样的日子能够给很多人带来快乐。

策略 270：打电话给父母双方

教师大多数时候会这样说："好吧，就那样吧！我会打电话给你母亲的！"我一直认为所谓的父母应该指两位家长。是的，有的学生是单亲家庭，但大多数还是父母双全的。我也是一位母亲，如果教师认为只由我一个人对自己的孩子负责，那我感觉这是相当不公平的。我不希望我的孩子以及其他人都形成这样一种思维定式，即认为所有教育孩子的职责都应该落在母亲身上。

我们应该对学生说，我们会给他们家打电话或跟他们的一位家长联系。总说"打电话给你母亲"不但对母亲来说不公平，而且会使父亲在无形中摆脱了相关的责任。更糟糕的是，这会导致学生形成错误的角色观念。

因此，预先了解学生和谁生活在一起是个不错的方法。因为学生可能是和祖父母或养父母生活在一起，甚至可能生活在某个公共福利机构里。

策略271：让学生也参加家长会

是否让学生参加家长会，这是一个人们还在争论的问题。对于这个问题，我既可以回答是，也可以回答否，而且两个回答都是正确的。其实这真的是一个有待判断的问题。很多教师要求学生和家长一起参加家长会，但有些教师禁止学生参加。这两种方式我都没有采用。我会告诉学生，我的习惯是和他们的父母单独谈话，但等我们的会谈告一段落以后，他们可以自由选择是否加入我们的谈话。因为我提前和学生打了招呼，所以他们不会认为我会在背后说他们的坏话。事实上，等到他们加入我们的谈话时，我会说一些积极的事情，以便他们每个人离开的时候都情绪"高昂"。

我之所以要和学生家长私下会谈，是因为有时候只要有学生在场，家长就不能敞开心扉和教师谈话。家长可能会告诉教师他们准备离婚，或者家里有人去世，或者他们觉得孩子不受自己控制——所有这些只要孩子在场家长就说不出口。等他们谈完这些事情以后，你可以征询家长的意见，看他们是愿意你马上和学生谈刚才你们所谈的事情，还是等以后再和学生谈。

我曾经遇到过一个名叫彭妮的学生，她平常的表现近乎完美，因此我觉得没有必要再和她的母亲私下交流，但由于之前我已经告诉全班学生，我会和每个学生的家长私下会谈，所以对她也不例外。结果很好，在那次谈话中，她母亲告诉我彭妮患有神经性厌食症，尽管彭妮希望对我保密，但她母亲觉得这件事情非常重要，还是应该告诉我。同时这位母亲也承认，如果她女儿在场的话，她就不会把这件事情告诉我。

正如我所说的，很多教师认为只有学生在场，才能把每件事情都敞开说清楚——但真的是这样吗？

策略272：教师作为中间人

家长会对于学生来说就像是一种创伤。学生确信你会告诉他们的家长他们的表现很差，而且无论是表现优秀的学生还是调皮捣蛋的学生他们都会这样想。出于一些原因，学生把教师与家长的私人会谈看作一场共同对付他们的阴谋。然而，有些事情必须让学生明白，家长会的目的既不是教师向家长反映学生的情况，也不仅仅是家长向教师透露相关信息。因此，在家长会的前一天，你可以询问学生是否有什么事情需要老师跟家长说。通常情况下，孩子们不愿告诉家长那些会使家长心烦意躁的事情。我曾经有个学生，她的家长从来没有指导过她的家庭作业，而她非常想让家长知道她需要家长的帮助，这个信息促使我以此作为家长会讨论的主题。在那之后，我告诉所有家长他们对孩子家庭作业的指导非常重要，而这些家长甚至从来都不知道，他们对子女作业的关注以及考试底线的限定都充分地显示了家长对学生学业的浓厚兴趣和关注。

策略273：对家长会的掌控策略

教师一般都很高兴看到晚上开家长会时教室里坐满了家长。由于家长需要等很长一段时间才开会，因此在这段时间你可以让他们看一看学生的作业，同时也可以放一本签到簿，以便你清楚哪些家长出席了家长会。另外在家长等待开会的这段时间里，你还可以给家长看看你的教案、评分标准以及班级规则等。还有一个好主意，就是先发给家长一张白纸或者小卡片，让他们把想问的问题先列出来，那么到你召开家长会的时候，他们手头就已经准备好了问题，这样可以稍微加快会议的进程。另外，我也希望能有一种好的策略，能让正在发言的家长意识到还有别人在等着和老师谈话，不过到现在为止我还没有掌握这样一种艺术，能够委婉地对正在说话的家长说："够啦！"

策略 274：使家长放心

家长都爱自己的孩子，虽然有时他们并不喜欢孩子的某种行为表现，甚至有时候还会说些孩子的坏话，但教师可千万不要随便赞同他们的这些看法！家长很爱自己的孩子，而且也希望教师同样喜欢自己的孩子。

我曾经遇到过非常不友好的家长，而我也因此采取同样的态度应付他们，最后我们的会谈没有取得任何成果，因为我们双方都只顾忙着保卫自己。但如果教师让家长知道，你并没有质疑他们当家长的水平，那么他们就会卸下身上那层保护盔甲。我就曾经遇到过一位学生的母亲，她跟我谈话的时候态度非常差，就在我们双方都准备摆出一副自卫的架势时，我把手搭到了她的手上，说："约翰逊太太，我们都关心杰克，我知道你在教育他明辨是非，同时也请你相信，对我而言他也是一个独一无二的孩子。"突然之间，我感觉自己就像在和一位初次见面的家长交谈一样，我从这位母亲那里了解到很多有关杰克过去的痛苦经历，而这些经历也解释了为什么杰克会出现这样那样的奇怪表现；同样，她也从我这里了解到很多她从来都不知道的事情，因为以前她总把我看成是敌对方。

另一条策略就是当着学生家长的面对学生说一些事情，比如："或许你认为我和你的父母都有点自以为是，总是告诉你该做什么。""你知道当父母有多难吗？""你知道你父母连睡觉的时候都在担心你吗？"

家长喜欢听到这样的话（你也一样），而有些学生会因此而获得更深刻的认识。

策略275：持防御态度的家长

是否还有人记得，当你还是个孩子的时候，老师给你家里打了个电话，于是你知道自己有麻烦了？好的，又是个坏消息：现在你是老师了，但你同样会因为打这样的电话找家长而惹上麻烦。你可能打电话找到的是个护短的家长，他会立刻对你采取防御的态度，而且也不相信你说的话，你甚至可能会听到诸如这样的话："小海伦说你总是没事挑她的毛病，而且其他老师也一样，我想知道你们究竟想干什么。"我总是很天真地希望，当我在教育学生遇到困难的时候，他们的家长能够支持我。但是，当我也做了家长以后，我也认为我生了一个十分完美的天使，因此，如果有教师抱怨我女儿的不是，我会觉得他亵渎了我女儿，我的直接反应就是想揍他一顿。幸好，后来我学会了倾听和支持教师，学会了和教师一起想办法改善女儿当时的状况。

请先做好心理准备，你可能会碰到这样的家长，无论孩子做得对与错，他们总是先维护自己的孩子。尽管事实上大多数家长还是很不错的合作者，他们能够积极地协助教师的工作，但我还是希望大家预先做好心理准备，你可能会遇到少数难缠的家长。

策略 276：家长与家庭作业

很多时候，家长出于好意替孩子完成了家庭作业，看起来他们还没能分清协助和代替之间的区别。如果你发现某个学生的作业完成情况超过了她本身的能力，那么你可能需要和家长谈谈了。我鼓励家长协助孩子完成作业，但不是代替他们做作业。家长检查一下孩子的作业，帮助孩子复习迎考，给孩子解释他们不懂的东西等，这些都很重要，但如果在孩子并没有真正理解的情况下，家长擅自帮孩子做好作业，这对孩子的成长很不利。

在这里我可能还需要再次强调，你布置的家庭作业可能会招来对你的各种评价，他们会说你很英明、很让人厌烦、很有创意、很不切实际或者很懒惰，等等。

策略 277：孩子是梦想的实现者

作为家长，我们都对自己的孩子怀有梦想。很多时候这些梦想是我们自己没能实现的，或者是我们坚信能为孩子带来快乐的。有时候教师必须拯救学生，让他们摆脱家长的这些期望。所有的孩子都有自己的不足，但很多时候家长拒绝看到这些不足，反而把孩子逼得更紧。我曾经看到有的学生非常沮丧，因为他觉得自己的表现让家长失望了。绝对不能让孩子有这样的感受，如果你感觉家长的做法让孩子产生了这种情绪，那么你应该明确地告诉家长。我建议可以让专业指导员帮助处理这些事情。

纽约的史岱文森高中（Stuyvesant High school）是美国最负盛名的高中之一，毫无疑问，申请这所学校的学生之间必然存在着残酷的竞争。这所学校很强调数学和科学，因此，很多时候我看到在这些学科上能力平平的学生都在临时抱佛脚，参加费用昂贵的补习班，承受着巨大的压力，因为如果他们没能进入史岱文森高中的话，他们的父母会很不安的。我还遇到这样一些学生，尽管很聪明，却很讨厌数学和科学，但是他们还是选择进入史岱文森高中，因为这样做可以实现父母的梦想，但并不是他们自己的梦想。

策略 278：家长比你知道得更多

大部分家长至少都是高中毕业，因此他们相信自己的教育经历足以使自己成为教学领域的专家。他们会告诉你，你哪里做错了，而在你做对时，他们有时又忘记了表扬你。

不要因此就对家长采取防御的态度，除非这些家长彻底冒犯了你，如果是那样的话，你可以在校长在场的情况下和家长谈一谈，这可能是个不错的主意。不过在谈话开始的时候，你先要对他们微笑并表示感谢。不知道大家是否注意到这样一种现象，如果约翰尼不能阅读，大家觉得是因为教师水平太差，但如果他成了个学者，大家又觉得是因为他遗传了父母的良好基因？

策略 279：相互责备的游戏

我为写这本书进行相关的调查研究，如果在我访谈了上百个教师后却没有与你们分享我的相关看法，那一定是我工作的疏忽了。我们都知道家长常常会因为一些社会问题而责备教师。比如，我们显然没有以家长认为我们应该有的方式去教育学生，而我们享受了太多的假期……这真的是一个问题，但教师有时候也会犯家长那样的错误，我们不也常常因为学生的粗鲁而责备学生家长吗？我们不也常常责备家长没有关心孩子的学习或太忙于工作而不照顾孩子吗？（具体参见"策略280：别总是用老一套看待家长")这样做就有失公平了。如果我们没有见到这些孩子的家长，那么我们也不会因为孩子的行为表现而责备他们了。我已经教过成千的学生，也遇到过许多家长。我曾经看到一些孩子言行出格且失礼，但当我看到他们的家长冒冒失失的闯进来时，就明白孩子为什么会这样了。我知道每个学生在老师面前对家长都非常尊重，但如果教师不在场，孩子就很难恭敬地对待他们的家长了。因此，我们不能说许多学生在班级里时和在他们的家长面前一样表现得粗鲁无礼。很多时候，家长会回避这个问题，他们会说："哦，他真像个小孩子。"更糟糕的情况是，家长会告诉你他们不知道该怎么做，并且承认他们管不了孩子了。我们都知道真正的问题出在哪里，我建议请学校的专业辅导员参与处理此事。

策略280：别总是用老一套看待家长

通常我们在无意之间会用传统的惯性思维看待学生家庭，并且假定自己不会那样做。我们习惯于贴标签，比如"单亲家庭"、"低收入家庭"、"职业母亲的家庭"或"留守儿童家庭"，等等，并且还推断这样家庭中的家长很难约见到，也很难参与到对孩子的教育中来。其实，这样家庭中的家长和你我一样非常关心他们的孩子，只是不幸的是，由于他们的处境，他们经常不能如愿参与到对孩子的教育中来。因此，我们必须尽力鼓励家长参与进来，而不要想当然地对他们做出消极的结论和评价。其实，你可以从另一方面来看待这些事：这些家长是如此信任教师，以至于他们认为自己的参与没有什么价值，这样看来，事实上这些家长正需要教师的鼓励。

策略 281：注意学生家里的自动应答机

当我从事教学工作的时候，自动应答机还没有面世（当然现在我还好好地活着）。给学生家里打电话的时候，尽管我们希望自己听到的是家长的应答声，但有时候首先听到的是一大段悦耳的歌声或幽默的语言以及没完没了的提示，告诉你家里没人请留言。在电话中留言告诉家长他们的孩子已经陷入麻烦之中了，这样做太冒险了。你会因为学生"偶然不小心"摁到了删除键而责怪他们吗？

我建议大家只给家长留一个简短的口讯，告诉他们你希望和家长通话即可，要注意尽可能用平实的语调说话；并且告诉家长，如果他们没有回复电话，那么你会当他们没有听到这个留言而再度打电话联系他们。毕竟，学生哪来那么多的意外，总会不小心碰到删除键？如果有，恐怕就要招致大家的怀疑了吧？

策略 282：隐藏电话号码

你已经回家，但你还想给学生家长打个电话，因为你在学校给家长打了好几次电话，但家长都没有接。根据经验你知道，如果给家长留言，那么留言可能也会神秘般地消失，或者由于某些原因在你打电话的时候，电话的留言功能失效了。我之所以这样讲有两种可能：一种是学生回到家里删除了能给他们带来麻烦的留言；另一种是家长说他没有收到留言，其实家长只是不想应付向他抱怨的教师。

我建议你到晚上再给学生家里打电话，如果你不愿意让你的电话号码显示在家长的电话上，可以使用电话号码隐藏系统。这个系统阻止家长得到你的电话号码，并且还会被锁定。当然，本书每次修订的时候，都可能出现其他新的方法，但无论如何，现在这种方法值得一试。

第二十章 与学校的相关支持团队通力合作

策略 283：与学校的管理人员合作

当你的学生被学校辅导员或心理辅导员叫出教室时,你要表示理解。记住,如果一个孩子制造麻烦,那么他制造麻烦的机会不会只集中在你的课堂上。偶尔,学校管理人员会精心挑选一个时间与那些制造小麻烦的学生好好谈谈。不过,如果你觉得管理人员太过频繁地占用你上课的时间,你可以私下里告诉她你的时间安排,并表达你的担心。还有一点是我们容易忽略的,那就是管理人员来教室的目的是为了帮助这些学生。我们必须从整体上全面关注学生的发展,这不仅包括学生学业的发展,还包括学生心理的健康发展。

策略 284：适时向学校辅导员或心理专家咨询

为了更专业地保护你自己,也为了让你记住你不是接受过专业训练的心理辅导专家,一个重要的方法就是记录你在整个事件中的言行。从这个角度出发,你在汇报与一个孩子有关的任何事情时,有必要立即找孩子的辅导员商量。对每个人来说,当现实不如我们想象中的好时,更好的选择就是保持心理健康发展。让学生的专业辅导员了解与学生相关的所有利害关系,这样做不仅可以保护学生,而且也让辅导员尽了他们的职责。你每天都看着学生,而专业辅导员只是偶尔见见学生,因此你才处于教育第一线——那么你就应该充分利用你背后相应的支持系统,而你的参与和关注是非常有价值的。

策略285:冲突解决机制

冲突解决和同伴调解是学校应该建立起来的两套机制,参与到这两套机制中的教师、学生和家长都需要经过几天相关的专业培训。这样做的结果就是学生被赋予了去帮助其他学生解决争执的权力。只要有一位教师在现场,那么两名接受过专业培训的学生调解员就可以劝阻两名(甚至更多的)争执者以避免争吵升级。这些同伴调解人员用到了许多本书中曾提及的策略,而调解的运行规则在真正的调解行动开始之前就已经达成。如果你的学校还没有设立这样的机制,那我建议你鼓动学校赶紧开展这样的行动。

策略286:合作的教师需要互相交流信息

我和我的一些同事习惯提前一个小时到校,这样我们就有时间相互交流，聊聊各自对学生的关注点和使用的策略等与学生相关的信息。如果其他教师告诉你某个学生遇到的一些私人问题，或者和你分享他们与学生互动方面的一些信息等，对你都会很有帮助。对教师而言，知道自己的学生在哪些方面需要发展是非常有用的。不过，教师必须牢记，不要透露那些具体的可能会伤害学生自尊的信息。我就碰到过这样的例子。在我的班级里，有个女生因为怀孕而焦虑，但她不想让任何人知道这个消息。我认为把这种情况讲给我的同事听就不太合适，所以，我只是大概地说这个学生遇到了一些比较紧迫的个人问题。

策略 287：伙伴教师

有时候我们尝试了各种策略，但都不见成效，于是我们感觉自己很"自然地"要爆发了，同时又很害怕自己因此而说一些会后悔的话、做一些会后悔的事情。你可以预先安排一位教师做你的"亲密战友"，他会替你把生事的学生带离教室，或者你只要告诉这个学生去那位教师的办公室就可以了。你或许会遇到某个学生特别抗拒你的安排，这时候你可以给他一个选择，"你要么去坦尼先生的办公室，要么去教务长或者校长的办公室"。他们往往会选择前者，而且在那里的表现还会惊人地好。不要什么事都亲力亲为，这就像是年龄比较小的孩子在朋友家里会吃肝，但在自己家里可能死活都不吃，其中的道理是一样的。

策略288：其他教师的成功

有时候我们会遇到那些一点都不听老师讲课的学生，而且他们表面上在听，但实际上根本没有听见老师在说什么。有时候，我们感觉自己一节课上做的每一件事情看起来都那么无聊。我们都知道这意味着什么，而我们通常选择独自把守这个秘密，永远不让它见天日。因为我们不愿意承认其他教师赢得了学生的心，而自己却没有。不过，有时，我们不得不忍气吞声地承认自己的失败。你应该记住，我们不可能赢得一切，那些对你有效果的策略不一定对别人有用，反之亦然。

当你看见一位教师在班级管理方面取得了极大的成功或者她令某个特别难教育的学生对她俯首贴耳时，你可以问她究竟她在哪些方面做得比较好。如果你比较自信，还可以问她究竟你在哪些方面做得不够好。有时，正是一些很简单的事情导致在同样的班级里出现差异。我就曾遇到过，一位教师告诉我，如果你找问题学生一对一地谈话，他就会表现得非常好。随后，我那样做了，事情果然往好的方面发展了。

策略289：勇敢地面对其他同事

这实在是个难题！学生总是很信任我，告诉我他们与其他教师之间的矛盾。一般我会尝试着进行调解，并教给学生一些适当的策略，这些策略大多数都是本书前面介绍过的。还有一点对学生来说很重要，那就是学生必须明白，有时候生活并不那么公平，而且这种不公平也会渗透到学校的课堂里。教师需要特别谨慎，千万不要说另一位教师的坏话，因为这是一种很不符合职业道德的行为。我曾经听到学生对某些教师很有怨言，而且我也知道他们的抱怨很合理，但我还是向他们解释，在现实生活中，我们总是必须和某些很难对付的人打交道，而学校就是这样一个早期的训练场。如果有位教师规定一次不交作业就扣除3分，但其他教师没有这样规定，那么对于这样的做法即使学生很不喜欢，也不能简单地推翻了事。

如果有的学生在采取各种合理行动之后还是在遭受不公平的对待，而我们却没能好好地保护学生，我们就是在渎职。我们必须进行调解，积极地与这位同事进行沟通和协商。当然我知道这样做确实很难，如果你无法做到，那么就请汇报给上级领导。你或许无法漂亮地赢得与同事之间的这场争论，但最起码你对得起自己拿到的这份薪水，因为你做了学生守护者应该做的事。

策略290：不要说学生的闲话

这听起来理所当然，但做起来很困难。教师走进教师休息室不超过5分钟就会开始谈论学生。这个时候想不宣泄自己的消极情绪是不太可能的，大家会发泄自己的恼火、失望、挫败、愤怒、憎恶以及其他一些消极的感受。注意不要点名道姓地具体讲某个学生的坏事，除非你可以以一种比较积极的方式讲述事情原委，从而真正地解决问题。有时候有人听到你对某个学生的评论，而这些评论不知怎么的最后就传到了家长耳朵里，于是家长（肯定会这样）会很不安，因为他们发现自己的孩子已经成了教师闲话的对象。在前面介绍的策略（具体参见"策略167：忽略传闻"）里，我已经建议大家对学生要形成自己独立的判断，如果听了其他教师对学生的批评确实会造成你对学生的偏见，如果真有什么比较机密的事情，就请离开教师休息室，进行私下里的交流。甚至当你需要与学生辅导员交流时，你最好到辅导员的办公室里进行商谈，并且在谈论之前先关好门。

策略291：教师之间的竞争

在所有的行业里，从业人员之间都会存在竞争，教育工作也不例外。大家在与学生和同事打交道的时候，必须了解自己所面对的对象。我接触过的很多教师都很慷慨大方，他们愿意和别人分享，愿意与同事在专业方面共同成长。但也会有这样一些教师，他们"知道了也不告诉你"。有一些教师不愿意和别人分享自己的教学策略，有一些教师甚至会很不公平地批评指责你上的课。如果你感觉某个同事的表现符合前面所描述的后几种情况，那么除非他（她）影响了你的教学能力，否则就不要被这类事情困扰。如果你一直不停地想为什么史密斯先生或者贝尔女士会忘记告诉你，你的学生正在另外一间教室等你，只会牵涉你太多的精力。

策略 292：你是否需要经常在班级间流动

对于被称为"流动人员"的教师而言，"成败全靠自己"又有了全新的含义。曾经有其他教师需要和我搭档为同一个班级上课，结果我发现他们来的时候总是用车载来一大堆书本、纸张、教学计划以及其他需要用到的东西。大多数时候我对他们深表同情——我之所以说是大多数时候，是因为我无法原谅某些流动教师，他们不尊重我的课堂，等他们走后我总是需要再重新整顿班级。这也是我之所以在这里要介绍这些策略的缘由，如果你很不幸，必须从一个班级到另一个班级轮流从事教学工作，那么这些策略可能对你有所帮助。

如果你流动到了某个班级，那么你首先要做的就是和这个班级的所有任课教师好好谈谈。你们可以先达成工作上的某些共识，确立一些能促进你们双方和谐共处的基本规则。我建议你可以先问一问，是否可以在教室的一角划出你的一小片专用区域，在那里放一张桌子和一个档案柜；如果条件不允许，那么可以协商一下，起码要个抽屉。另外你还应该问一下，是否可以单独设一块公告栏给学生使用，这样学生就会感觉自己是这个教室里的成员，而不是闯入他人领域的"参观者"。大多数教师会很合作，但偶尔也会有那么一两个教师对于你的到来大为恼火，这就像你必须按照课程安排在各个班级之间不断流动时那样，你也会很恼火。不过还是有一个好消息，那就是这样的情况不会持续太久，因为随着你资历的增长，很快就会有新手教师来接替你。

策略 293：野外郊游协议

学年即将结束，很多教师发现自己的精力都快透支了，学生也都烦躁不安，整个教室非常燥热（除非你很幸运，你们学校有空调）。那么有什么好的方法可以缓解这个问题呢？找一个对学生有教育意义且又比较凉快的地方，在那里你不需要一刻不停地管理学生纪律，而且你们所有人都能够好好游玩。这主意听起来很不错，不过你需要首先和其他任课教师确认一下，确定他们这一天没有考试或者其他有冲突的安排。我曾经就因为遇到这类事情而大为恼火，因为有一半的学生出去郊游了，课堂里只剩下一半学生听我上课。一个比较好的方法就是预先将野外郊游计划公布出来，其他教师看了计划就会提前警告你，某个时候你如果把大多数学生带走的话，他们会杀了你。很多学校都规定了外出游玩的最后期限，过了这个时间期限，学生就不可以再外出郊游了。因此，教师在对学生做出郊游承诺之前，必须先确定自己已经清楚地知道了这个最后期限，否则你就无法信守承诺了。

策略 294：帮助代课教师

战斗中的士兵和代课教师有什么共同之处？如果你认为他们都承担着比较危险的责任，所以应该有相应的报酬，那么你的想法是正确的。

当我休育儿假的时候，请人帮我代课，我还想这一定很有意思。大多数情况下确实如此，但有时候我必须控制自己的冲动，以免违反学校规定，对代课情况胡言乱语、横加指责。学生对待代课教师的态度确实和我自己当学生的时候一模一样。对于很多学生而言，代课教师就像保姆一样，意味着学生可以逍遥法外，或者最起码意味着比较少的家庭作业。因此我在这里建议大家，应当预先为代课教师的到来做好相应的准备，这些代课教师很容易受到学生的折磨，你这样做不但是对他们的境遇表示了同情，而且对你自己也很有益处。等你再回来上课的时候，你总是希望学生能很快回到你们原先的轨道上来。

为代课教师准备一张座位表，这样他们就能一目了然地知道哪些学生按时来上课了。他们可以点名并发给学生一份名单让他们自己签名。我曾经遇到过这种情况，有学生为每一个缺席旷课的人代替答"到！"。如果有了学生的签名，你就能核实究竟谁真的来听课了。另外，要把教室出入口安排在非常显眼的位置，这样代课教师事后就能告诉你，有谁在上课过程中离开了教室。

还有一件最重要的事情就是事先准备好教案，毕竟我们大多数人都不能明确地知道自己哪一天会生病，而且你也不想被人发现你没有为后来的代课教师准备好教案。其实并没有规定说教师准备好的教案必须紧接前一堂课的课程内容——只是让教师为代课教师准备好一个备用的教案。因为我讲授的是性教育和"偏见意识"课程，所以除非代课教师之前接受过这些方面的培训（这种可能性几乎为零），否则很难帮我上这些课程。但假设我教的是K—8的学生，上的是英语课，我也同样会准备"一般性"的备用教案，我建议大家也这样做。

你准备的课程内容应当是学生能够理解的，并且有些内容还是学生可以独立学习的。过去我总是选取学生可以自我完成的内容作为备用，比如，我会让学生在纸上列出各种冲突，并将其中的一种与他们的亲身经历联系起来，然后我把这些纸张发给学生，让他们读一读不同的冲突状况，并请他们想出具体的解决办法。对于这样的安排，代课教师觉得有多少内容合适就可以选用多少。

我的一个代课教师曾经在完成第一部分的任务后，组织全班的学生开展了一次很棒的讨论，他非常感谢我为他准备了如此好的备用教案。但凭良心说，我不能接受他对我的这种信任，因为只有他认同了我的教案设计，这些良好的教学效果才有可能出现。

在你请假期间，学生所学习的内容都必须由你事先确定。这样学生就会明白，你对代课教师的教学工作就像你对待自己的教学工作一样严格。

策略 295：让学生做好准备，从容应对你请假

如果你知道自己即将请假一段时间，你可以提前告诉学生你会在某段时间请假，你希望他们在你不在的这段时间能够和现在一样好好学习。我一般还会从情感方面引导他们，告诉他们我期望他们在最大程度上尊重代课教师。我还会告诉学生，我已经和代课的教师沟通好了，请他把这段时间内行为表现不好的学生名单都记下来并告知我，等我回来的时候这些人将为自己的不良行为付出代价。最后，我还会恳请学生好好表现，不要丢我的脸。

策略296：对代课教师进行评估

我建议大家把那些教学水平比较好的代课教师的姓名告知学校，这样学校可以在你请假期间请这些教师来上课。同样，如果你发现某个代课教师的教学水平很差，你也要告诉校长，让校长下次不要再请这个教师来代你的课。我至今还记得那个让我胆战心惊的代课教师，他居然允许全班学生为所欲为，因为他根本无法控制这些学生，而且还拒绝别人的帮助——即使是别人主动提出帮助。通常在条件比较差的学校，只要是个人就可以当代课教师，但我觉得这样做对每个相关人员来说都是一种伤害，尤其是对学生。

策略297：与当地的书店、图书馆和商店保持良好的合作关系

由于本书的关系，很多书店向我发出了邀请，我发现其实很多书店都和学校、教师有合作关系，而且很多大型书店都会有特定的"教师感恩夜"，在这些时候只要是教师来买书，都可以打折，而且有些书店还会给教师免费赠送海报、书本和录像带。书店会安排专门人员到学校里为学生讲故事，这类人员也可以帮助教师组织卖书活动进行募捐。

当然，书店同样会安排专门的讲故事时间，而且这样的时间应当成为学生的天堂。为了帮助学生爱上读书，你在与书店建立联系方面所做

的任何努力都是值得的。

你也可以去联系当地的商店，询问管理者是否愿意为你的学生捐献一些"奖品"。许多商店都愿意帮助教师，也愿意捐献一些小的礼品给学生。

策略 298：和"老板"友好相处

校长是学校的总负责人，和校长相处融洽是非常重要的一件事情。有些校长可能比较好相处，而有些可能不容易相处，我的建议就是，教师应当努力博取校长的赞赏。就像我们不会以同等的态度喜欢每一个学生一样，校长对每个员工的喜好程度也会存在差异。

为了能够恰当地介绍这条策略，我还专门拜访了一位担任校长职务的朋友珀尔，向她询问哪些原因会导致校长不喜欢某个教师的行为表现，结果她列举了以下这些原因：迟到、不按规定到场、不做准备、上课懒散或自由散漫、记录稀稀拉拉、学生的学习成绩明显落后、学生的行为问题过多、家长出现合理的抱怨等——这里只是列举了很少一部分而已。

当然，对于溜须拍马的行为还是要提出警告：尽管你希望校长喜欢自己，但千万不要答应承担超出自己能力范围的任务。如果校长要你承担的是你真的无法完成的任务（比如你是个音盲，而校长却要你带一个合唱团），你当时就应当明确回绝，不要觉得因为自己精神可嘉，别人就会忽略你的差劲表现。如果校长还是坚持要你承担这一任务，那么最起码你应当预先给校长一个警告。另一方面，如果希望受到关注和表扬

（是的，我们大家都喜欢受到表扬），你可以主动承担那些自认为有能力完成的任务，这样一来不仅可以展示你的才能，同时也对学校有益。

策略 299：教师工会

　　大多数教师都是教师工会的成员，由于尽了义务，所以也有权享受工会的服务。其中一项服务就是从工会那里了解到在教室里你可以做什么、不可以做什么，以及学校可以对你做什么、不可以对你做什么。对你们而言很重要的一点就是，知道工会致力于使你成为一名好教师，而且也愿意帮助你解决专业发展方面的问题。工会通常会提供很多在职培训课程，这些课程只象征性地收取少量费用，甚至还常常免费提供。

　　如果你觉得遇到了违反劳动合同的事，或者你认为你的上级主管对你不公平，或者你感觉自己的权益受到了侵害，那么你可以把情况反映给工会代表。工会代表会告诉你，你所遭遇的不公平事件是否能够成功解决；她还会告诉你，你遇到的事情是否属于劳动合同范畴之内以及你需要提供哪些材料进行申诉。在你准备申诉之前，请努力运用自己具有的各种沟通技能先与领导进行沟通。例如，如果校长连续四五年把最差的班级交给你，那么或许你直接和校长谈就可以很好地解决你的抱怨，根本无须再向工会申诉，求助于工会应该是最后的选择。

　　请仔细地阅读劳动合同全文，我发现很多人只阅读有关薪水部分的合同规定，而忽略了其他内容。

策略 300：及时更新教学技能

我们许多人都曾上过几堂精彩的课，这些课在很长时间内成为我们教学的模板。这样的课每次都能成功地激发学生的学习兴趣，但不幸的是，不断地重复一样的课，重复讲几年后，我们逐渐就会丧失必要的、激发学生学习的热情。因此，即使你所教的课程和几年前一模一样，那你也应该努力尝试开发出新的课型来。这样的努力不但能激励你，而且最终有可能会激发学生高涨的学习积极性。有些工作不能让自己太安逸，教学工作就是其中之一。我强烈建议大家参加一些在职培训课程以更新教学技能。之前很多教师拒绝参加计算机课程的培训，现在他们已经被时代淘汰了。事物总是在不断发展变化的，新的、令人激动的事物总会代替旧的事物，优秀的教师总是能及时地掌握最新的思想和方法，而在这个过程中，最重要的部分就是教师在多大程度上进行了学习和专业化成长。

策略 301：对教师而言真正重要的人

只要你从事教学工作超过一个小时，你就会知道在学校里最好的朋友就是学校秘书和管理员。无论他们帮了你什么忙，你都应当面带微笑说声"谢谢"。秘书一般都负责学校的日常工作，她知道什么东西在什么地方，也知道帮你完成哪些文书工作你才能获得升迁、福利待遇以及其他一些东西；另外，她也负责制作教职员工的薪水册。还需要我再多说吗？认真说来，秘书是你经常需要求助的对象，你应当让她知道，你多么地感激她给你提供的帮助。

有时遇到某个危险，你往往还需要管理员的帮助。比如，或许你被关在了教室门外，或许是窗户玻璃碎了，还可能是你的书架倒了，或者小路易丝吃了午餐后又吐了等。如果你和管理员的关系很好，那么遇到这些情况的时候，他就会小跑着赶来帮助你，而不是慢悠悠地走过来。

保安、助手、校医、指导员以及学校里的其他协助人员都能够帮助你完成教学工作，你应当感激他们每个人，并且充分地利用这些资源。当你有需要的时候，你应当知道该通过何种程序和管理系统来寻求他们的帮助。

例如，如果你怀疑学生受到了虐待，你应该知道按照什么程序向上级汇报相关情况。玩忽职守不但会给学生带来伤害，也会使学校陷入法律诉讼之中。

第八部分

临别赠言

到了六月，学年即将结束，每个人都在期盼着期末铃声的响起，盼望着两个月假期的到来。这时，我希望你能够对你的工作进行一个回顾，总结从这段教学经历中收获了哪些经验。你可能接触了一些年轻人，当这些年轻人日后回忆这段日子时还能想起你来，并认为你是一位出色的、改变他们人生的教师。在本书结束之前，我最后还想和大家一起分享下面这些想法。在这里，我要再次感谢大家，谢谢大家做了这样一类特殊的人——教师。

第二十一章　明年见

策略 302：教学真的是你想从事的工作吗？

我坚信教学也是一种天分，有些人具有这样的天分，而有些人并不具备。我们所有的人都有自己的某种天分，我们必须发现自己身上的天分所在。比如，如果我很渴望成为摇滚乐歌手，但我连调都找不到；相反，很多摇滚乐明星来上课的话，班级可能会被搞得死气沉沉。你或许很有才气，但如果你不和学生沟通，不能从工作中找到乐趣，那么你可能需要重新思考自己的职业选择了。如果你很喜欢自己的工作，但是开头几年感觉工作起来很困难，千万不要绝望——那恰恰说明你正在进入状态呢。但是，如果你教了四五年之后还是无法管理好班级，而且还噩梦不断——那么你还是考虑转行做一名摇滚乐歌手吧！

策略 303：保持联系

在学年结束前，教师可以从学生那里获得他们的家庭地址，这样一来在今后很多年里，教师都能够和他们保持联系了。直到现在，我都坚持给学生邮寄节日贺卡,而且很多人也会给我回信。从学生那里,我不但了解到这些年他们的成长情况,而且知道其中也有自己的一份功劳,所有这些就是从事教学工作的全部意义所在。

策略304:档案袋

很多教师做出了非常有创意的事情,以至于我们真的很希望能够为自己的这些聪明才智申请专利。由于大多数教师都不会在一所学校待到退休,而是在全国各所不同的学校之间流动,因此我们接下来能做的最好的事情就是——保存我们最辉煌的时刻。一个办法是把自己比较成功的教学成果拍摄下来,你还可以收集你的经典教案、学生的作业以及孩子们活动时的照片,等等。当然,如果校长听了你的课并给了你一个积极肯定的评价,那么你可以把它也纳入自己的档案袋,与你所获得的其他各类证书放在一起。如果有家长给你写信,赞扬你就是上天派来的天使,你也可以把这封信放入自己的档案袋里。平时你应该在自己的壁橱里放一台闲置不用的照相机,这样一来如果遇到学生有非常积极的表现,而这些表现又无法用语言形容的时候,你就可以直接用相机把它们拍下来以便保存。

策略305:假期"不适症"

如果你在学年刚刚开始的时候看到这条策略,那么我想你会认为我要说的事情正好是你所想的。我之所以称之为"假期不适症",那是因为我感觉每次在假期前后我总是要打很多电话才能激发教师良好的工作状态。新教师通常是慢慢醒悟过来,因此需要有人帮助他们快速地回过神。这就好像在感恩节或寒假前后,教师们需要敲掉"砖墙"以便醒悟过来一样(不仅教师需要这样,同样学生也需要这样做)。你要谨记,其实放假是每年都会发生的事情,如果你感觉自己的想法快要用尽了,那么你可以反问自己,你是否仅仅是比较疲惫而已,况且有这种情况的并不只有你一个人。幸运的是,还有寒假和春假能帮助我们恢复精力,使我们重新精神饱满地回到原来的岗位上。

策略306:避免职业倦怠

每年都教同样的年级和同样的科目,这种年复一年的重复会让你逐渐变得陈腐并最终导致你筋疲力尽。当我刚开始教学时,我负责教3年级的所有科目。几年后我要求到中学教6年级的英语。刚开始有些不适应,但是很快我就发现这就像又从事了一项新工作一样。在教了几年初中英语后,我接受了性教育方面的专业培训,然后我又承担了相应的更有趣的新工作。这种变换也导致我开发了有关"偏见意识"方面的课程。现在回顾一下整个过程,我认识到我之所以从未有筋疲力尽的感觉,是因为我在不断地变换所教的年级和科目。我真的认为,如果我没有主动要求变换年级和科目的话,那么我也会像大多数教师那样年复一年地重复着同样的课程,最终搞得自己筋疲力尽。其实你可以要求去教不同年级水平的学生,或者考虑参加另外一个学科的专业培训以便转换所教的科目。一开始你可能要接受没有相关经验的挑战，但到了最后它将激发你高昂的工作热情。

策略 307：离暑假只有短短数月了

在这里我要警告大家，你会听到别人说你的工作是多么的轻松这样的话，因为你还有专门的暑假。有人会由于别人拥有暑假而轻视其工作，我的一个朋友莫林遇到这种情况就会这样反驳："如果你是我的朋友，你是在为我高兴——如果你不是我的朋友，你是在妒忌我吧！"为什么会对这些言论产生防御性的反应呢？

你我都知道，教学工作会让人筋疲力尽，教师需要通过暑假的调整来恢复精力。因此，享受一个美好的暑假，做一些有趣的事情，并为自己取得的成就而感到骄傲——这些都是你应得的！

万千教育 基础教育类书目

书号	书名	著、译者	定价(元)
教育理念与实践系列			
1139	如何当好教研组长 ——中小学教研组长专业素养与行动	杨向谊 著	36.00
1566	教导主任工作问题案例集	黄银美 主编	42.00
1471	闪闪发光的故事：童书阅读与欣赏	周益民 著	32.00
0801	故事、儿童和作家的秘密 ——走近儿童阅读	周益民 著	32.00
0163	童年爱上一本书 ——教师、父母如何伴读	周益民 著	28.00
1564	教育：一场惊人的旅行	史金霞 著	62.00
8931	重建师生关系	史金霞 著	42.00
9906	教师怎样少做无用功？ ——高效能教师必备法则	王晓春 著	32.00
8557	王晓春给青年教师的100条建议	王晓春 著	28.00
0734	怎样评价学生才有效 ——促进学习的多元化评价策略	陶志琼 译	48.00
8771	教师怎样说话才有效	李进成 著	32.00
0540	从生活中悟教育智慧 ——教育隐喻启示录	严育洪 著	36.00
0035	重构教师思维 ——教师应知的28条职业常识	刘祥 著	32.00

编号	书名	作者	定价
9746	教师职业生涯十大误区	茅卫东 著	27.00
9554	"偷师"杜威 ——开启教育智慧的12把钥匙	邱磊 主编	35.00
9137	跟禅师学做教师	谢云 著	28.00
8952	教育管理学：理论与实践（新版）	朱志勇 等 译	88.00
8574	魅力男教师修炼36计	林华民 著	29.00
8601	破解挑战教师智慧的42个问题	宁杰 郑立平 著	36.00
8564	零距离英国教育	唐彩斌 等 著	35.00
7615	零距离美国课堂	王文 著	28.00
8604	一位青年教师的专业成长之路 ——王君专业求索笔记	王君 著	32.00
8271	让教师偷着乐 ——校园幽默笑话396则	唐劲松 主编	18.00
7927	教师兵法	刘坚新 编著	28.00
7866	老师好好学习，孩子天天向上 ——"麻辣教师"邓睿手记	邓睿 著	25.00
7704	心与心的约会——孙明霞的生命化课堂	孙明霞 著	28.00
7281	教师时间管理策略	张迪帆 译	22.00
7334	初为人师第一年（中学版） ——新教师的50个第一次	张彩云 主编	30.00
5655	从教第一年——新教师职场攻略	赵丽 等 译	45.00
5551	实证教育方法	肖艳 等 译	35.00
5088	培养中小学生的创造性——理论与实践	胡清芬 等 译	16.00
4722	教育性评价	董奇 等 译	35.00

3829	班有天才——普通班级中培养天才儿童的策略与技能	杨希洁 等译	21.00
3719	教师角色	丁 怡 等译	24.00
教育理念与实践系列合计			**1147.00**
教育教学心理系列			
2106	写给教育者的积极心理学（第二版）	任 俊 著	48.00
1791	理解0—12岁儿童的学习	赵 琴 译	36.00
1057	应用学习科学——心理学大师给教师的建议	盛群力 等译	38.00
0675	积极心理学走进小学课堂	任 俊 译	56.00
0056	抓住学生注意力的176个课堂小活动	张乃柬 译	28.00
0799	激发学生的成就动机——引导学生迈向成功的策略	吴艳艳 译	35.00
9922	小学生学习习惯培养方案	黄 波 著	35.00
9358	中学生心理学	林崇德 著	60.00
教育教学心理系列合计			**336.00**
课堂管理系列			
9193	让教师都爱上教学——307个好用的课堂管理策略	罗兴娟 译	34.00
7312	让学生都爱听你讲——课堂有效管理6步法	屈宇清 等译	20.00
7697	课堂管理，会者不难	王晓春 著	26.00
0800	中小学生纪律教育——全方位解决纪律问题的策略	陆如萍 等译	42.00
8502	中学课堂纪律管理指南	徐昌和 等译	48.00

编号	书名	作者	定价
0673	透视小学生课堂行为 ——小学教师的课堂管理指南（第九版）	赵 琴 译	48.00
0674	透视中学生课堂行为 ——中学教师的课堂管理指南（第九版）	陈彩虹 译	46.00
课堂管理系列合计			**264.00**
班主任工作理念与方法			
2204	做一个会"偷懒"的班主任（第二版）	郑学志 著	48.00
1708	怎样教授道德才有效 ——德育心理学家给教师的建议	杨韶刚 等 译	48.00
1709	学生特殊问题发现与应对 ——给普通教师的建议	昝 飞 等 著	48.00
7318	与学生家长"过招" ——班主任的家长工作艺术和技巧	郑学志 著	26.00
7316	把班级还给学生 ——班集体建设与管理的创新艺术	郑立平 著	26.00
7319	班主任工作的55个"鬼点子"	刘坚新 等 编著	26.00
7344	遭遇问题学生 ——问题学生的教育与转化技巧	万 玮 编著	25.00
7317	魅力班会是怎样炼成的	杨 兵 著	25.00
8631	家校沟通，没有痛过你不会懂 ——知名班主任梅洪建的心路历程	梅洪建 著	32.00
0539	如何上好班级心理辅导活动课 ——钟志农答疑50问	钟志农 著	42.00
9902	德育主任新方略	丁如许 著	32.00
8611	班主任工作中的心理效应	刘儒德 主编	35.00
1135	班主任有效沟通的艺术与技巧	李进成 著	36.00

……
欲了解更多图书信息，请登录：www.wqedu.com
联系地址：北京市西城区三里河路6号院2号楼213室　万千教育
咨询电话：010-65181109，65262933

*本目录定价如有错误或变动，以实际出书为准。